LES RÉQUISITOIRES DU PROCUREUR DE LA RÉPUBLIQUE

Lovane TSAMBY-LHAKHY

LES RÉQUISITOIRES DU PROCUREUR DE LA RÉPUBLIQUE

L'Harmattan

Du même auteur

- *La constitution congolaise du 25 octobre 2015 interprétée article par article*, L'Harmattan, 2017.
- *Le contentieux de l'annulation au Congo*, L'Harmattan, 2018.
- *Les conclusions écrites du procureur de la République en matière administrative*, l'Harmattan, 2021.

5-7, rue de l'École-Polytechnique ; 75005 Paris

http://www.librairieharmattan.com

ISBN : 978-2-14-026736-9
EAN : 9782140267369

SOMMAIRE

SIGLES ET ABREVIATIONS

B.A.C.S. : Bulletin des arrêts de la Cour suprême (Brazzaville)

B.C.C. : Bulletin du Conseil constitutionnel (Brazzaville)

C.A.A. : Cour administrative d'appel

C.A.B. : Cour d'appel de Brazzaville

C. civ : Code civil

C.Cptes. : Cour des comptes

C.E. : Conseil d'Etat

C.expr. : Code de l'expropriation pour cause d'utilité publique

C.J.C : Cahiers de la jurisprudence congolaise (Brazzaville)

C.J.C.E. : Cour de justice des communautés Européennes

C. marchés : Code des marchés publics

C.PR.CIV.C.A.F : Code de procédure civile, commerciale, administrative et financière.

C.Route : Code de la route

C.rur : Code rural et de la pêche maritime

C.S.S. : Code de la sécurité sociale

C.S. : Cour suprême

R.J.A.C.S. : Recueil commenté de la jurisprudence administrative de la Cour suprême du Congo (Brazzaville)

T.C. : Tribunal des conflits

T.G.I. : Tribunal de grande instance de Brazzaville

T.P/C.R. : Tribunal populaire de commune ou de région

T.P/D.A. : Tribunal populaire de district ou d'arrondissement.

Introduction

Personnage clé de la vie judiciaire, représentant du ministère public près les juridictions de premier degré, le procureur de la République exerce l'action publique et requiert l'application de la loi,[1] à l'instar des procureurs généraux qui représentent le ministère public à la Cour suprême et dans les Cours d'appel.

Très instructif à propos des fonctions exercées par le procureur de la République auprès des différentes juridictions répressives, l'article 20 de loi n°1-63 du 13 janvier 1963 portant Code de procédure pénale indique que ce dernier « assiste aux débats des juridictions de jugement » et « toutes les décisions sont prononcées en sa présence ».

Protagoniste principal de l'action publique pour l'application des peines, le procureur de la République est tenu de prendre des réquisitions écrites conformes aux instructions qui lui sont données par sa hiérarchie et développe librement les observations orales qu'il croit convenables au bien de la justice.[2]

Toutefois, en dehors des affaires pénales, plus exactement les affaires civiles ou administratives, le procureur de la République, en tant que partie principale ou partie jointe, doit assister à l'audience, prendre des réquisitions verbales ou déposer des conclusions écrites

---

[1] Article 19 de loi n°1-63 du 13 janvier 1963 portant Code de procédure pénale.

[2] Article 21 de loi n°1-63 du 13 janvier 1963 portant Code de procédure pénale.

qui sont obligatoirement communiquées aux parties avant l'audience.[3]

On retiendra, en parlant du ministère public, qu'il s'agit d'une institution d'origine spécifiquement française qui n'aura été que simplement réceptionnée au Congo. Déjà, vers le XIVe siècle, les rois prirent l'habitude d'avoir, près des principales juridictions du royaume, des procureurs et des avocats, chargés spécialement de la défense de leurs intérêts. Ces personnels au service du roi furent appelés d'autant plus naturellement à surveiller l'application des peines que beaucoup d'entre elles étaient alors des peines d'amende dont bénéficiait le trésor royal.

Avec le développement des prérogatives de l'autorité royale, ces procureurs et avocats virent leurs attributions grandir. C'est ainsi qu'à mesure que la procédure accusatoire va se développer ou se structurer, ils firent mis en possession du droit d'exercer l'accusation. Ils formèrent alors le ministère public. Comme le souligne AISSAOUI KAMEL :

« Au fur et à mesure, la procédure accusatoire va se structurer pour faire apparaître un juge accusateur qui s'appellera par la suite le parquet (représenté par le procureur de la République) »[4].

La révolution, sans supprimer le ministère public, va lui retirer une partie de ses pouvoirs et le disloque. Alors que, dans les dernières années du régime, le soin d'intenter l'accusation, puis de la soutenir, est confié à un magistrat nommé « procureur du roi », le nouvel ordre judiciaire et procédural institué en 1791 retire au ministère public le

---

[3] Lovane TSAMBY-LHAKHY, *Les conclusions écrites du procureur de la République en matière administrative*, Paris, L'Harmattan, 2021, p. 13 et S.

[4] AISSAOUI KAMEL, *La procédure pénale en tableaux*, Ellipses, p. 20 (192), 2019.

droit d'intenter l'accusation et ne lui laisse que celui de la soutenir dans la phase de l'instruction définitive.

Ces innovations se révèlent néfastes pour la défense des intérêts de la société et dès la fin de la révolution, le ministère public fut reconstitué à peu près tel qu'il était à la fin de l'ancien régime, et tel que nous le voyons encore de nos jours : le soin d'intenter l'accusation, puis de la soutenir pendant le procès pénal, fut confié, par la loi du 7 pluviôse an IX à un commissaire du gouvernement, et par le Code d'instruction criminelle, au procureur impérial, appelé aujourd'hui procureur de la République[5].

Une analyse de la question des réquisitoires du Procureur de la République est aussi bien au plan théorique que pratique pourvu d'un intérêt indéniable.

Théoriquement, cet ouvrage devrait nous permettre d'avoir une meilleure appréhension des réquisitoires pris par le procureur de la République.

Sur un plan purement pratique, cet ouvrage devrait :

- permettre aux magistrats du parquet de bien cerner les faits et de bien les qualifier ;
- de bien structurer le réquisitoire ou de respecter la logique rédactionnelle ;
- de décider conformément à la loi ;
- permettre aux justiciables de se procurer, de lire et de comprendre les réquisitoires du procureur de la République pour se faire une opinion du travail abattu et de la décision prise par ce magistrat.

Loin de nous la prétention de rendre compte de tous les réquisitoires pris par le ministère public, au contraire, cet

[5] - BOUZAT (P) et PINATEL (J), Traité de droit pénal et de criminologie, Tome II, Dalloz 1963, p.857.

ouvrage se veut être simplement un outil au service des magistrats du parquet.

De même, les justiciables, souvent peu initiés à la science juridique ; ont la possibilité d'accéder aux solutions proposées par les membres du parquet dans les litiges soumis à son appréciation.

Ces derniers peuvent, ainsi, à travers les réquisitoires du procureur de la République comprendre la cohérence du raisonnement du ministère public et la loi visée par ce dernier afin de donner solution au problème. Ils épargnent ce dernier des critiques acerbes dont il fait l'objet.

Nous avons choisi, dans le cadre de cet ouvrage, de présenter, dans un premier temps, les différents types et la structure des réquisitoires (I). Dans un deuxième temps, notre ouvrage sera consacré exclusivement aux exemples de réquisitoires émanant du procureur de la République (II).

I DIFFERENTS TYPES ET STRUCTURE DES REQUISITOIRES

Aujourd'hui, en République du Congo, le procureur de la République prend, au nom de la loi, les réquisitions écrites ou orales qu'il croit convenable au bien de la justice[6].

I-1 -DIFFERENTS TYPES DE REQUISITOIRES

Lorsqu'il emploie le procédé de l'information, le procureur de la République rédige un réquisitoire auquel il joint le dossier d'ores et déjà constitué (ces « pièces jointes », ont une grande importance pour la détermination de l'ampleur de la saisine du juge d'instruction). Ce premier réquisitoire, ou réquisitoire introductif par lequel le ministère public requiert le juge d'instruction d'informer, va mettre l'action publique en mouvement.

Sous le régime juridique actuel le réquisitoire introductif établi par le procureur de la République est transmis directement au magistrat chargé de l'information.

A l'exception des juges de session et des juges d'instance qui se saisissent d'office, le juge d'instruction ne peut informer qu'en vertu d'un réquisitoire du procureur de la République même s'il a procédé en matière de crime ou de délit flagrant[7].

Le réquisitoire est pris contre personne dénommée ou non dénommée[8].

---

[6] - Article 393, alinéa 1, du code de procédure pénale.
[7] - Article 64, alinéa 2, du code de procédure pénale.
[8] - Article 64, alinéa 3, du même code.

I-2-STRUCTURE D'UN REQUISITOIRE

Le réquisitoire est un document écrit par lequel le procureur de la République, au vu du dossier constitué par un juge d'instruction, expose les faits et les arguments de droit, lui permettant de bâtir la démonstration de l'existence ou de la non-existence d'une ou plusieurs infractions et par lequel, au terme de cette démonstration, il requiert du magistrat instructeur une ordonnance conforme auxdites réquisitions[9].

Dès lors, on peut considérer que le réquisitoire définitif devrait comprendre deux parties : l'une consacrée à l'exposé du fait et du droit qui comporte une démonstration du bien-fondé de la thèse soutenue par l'accusation, l'autre constituée par les réquisitions proprement dites.

Ainsi présenté, le réquisitoire ressemblerait, sans qu'il en soit un, à un jugement en ce sens que, comme lui, il comporte des "motifs" et un "dispositif"[10].

En réalité, nous devons y ajouter une troisième partie dans laquelle seront sommairement exposés les renseignements recueillis sur la personnalité du ou des inculpés.

La traduction écrite de la réflexion conduit nécessairement à une prise de conscience qui permet d'éviter les pièges de l'étourderie et de la sottise.

Quel magistrat n'a pas, au cours de sa carrière, suspendu sa rédaction au moment où, la plume à la main, il prenait conscience que telle affirmation ne pouvait être écrite, car heurtant le fait ou le droit ? Qui n'a pas été

---

9 - Remplon (L), "les réquisitions du parquet en cours d'information", p.73.

10 - Remplon (L), idem.

conduit à modifier la position qu'il avait envisagée de prendre en constatant, par exemple, l'impossibilité de transformer un simple mensonge en manœuvre frauduleuse constitutive de l'escroquerie[11] ?

Le réquisitoire définitif est, en droit, destiné à convaincre le juge d'instruction et à le conduire à décider dans un sens qu'il détermine. Il a, en pratique, d'autres finalités : le magistrat qui "règle" le dossier n'est nullement l'accusation à l'audience. Nous le regrettons profondément, mais le réalisme nous conduit à constater qu'il en va ainsi dans des cas de plus en plus nombreux, sans qu'apparemment nul s'en émeuve. Le magistrat régleur doit avoir le souci de simplifier, soit la tâche de son collègue d'audience, soit la sienne, dans la mesure où certaines affaires ne viendront en jugement que bien longtemps après leur règlement[12].

Ce souci ne pourra être apaisé que par un réquisitoire complet et motivé.

Une pareille préoccupation doit être la sienne à l'égard des collègues de sa juridiction de jugement. Sans doute, ne manquera-t-on pas de rétorquer qu'il appartient aux juges d'étudier l'ensemble du dossier qui leur est soumis. Nous en sommes d'accord, et nous pensons que serait bien sommaire la démarche d'un tribunal qui se bornerait à la lecture du réquisitoire. Mais nous estimons que l'œuvre synthétique que doit représenter le réquisitoire définitif est de nature à faciliter aux juges la connaissance d'un dossier. Le réquisitoire idéal, à cet égard, serait celui qui intéresserait si vivement le lecteur qu'il lui donnerait envie de parfaire sa connaissance par l'étude du dossier[13]...

---

11 - Idem, p.71.

12 - Idem.

13 - idem, p.72.

Le parquetier, accable. Enseveli sous les tâches les plus diverses, il appelle "au secours". Quoi de plus normal ? Qu'il tente d'être déchargé de certaines tâches dites subalternes que la routine et l'inorganisation judiciaires continuent à lui imposer, voilà qui a notre adhésion[14]… !

Or, le renvoi devant une juridiction de jugement est un acte grave. Et, on ne pourrait pardonner au magistrat du parquet d'en décider avec légèreté.

Apôtre d'une efficacité sereine et d'une prise de décision consciente, magistrat du parquet doit faire preuve de diligence.

Notons que, dans les litiges soumis à la dextérité du juge d'instruction, diverses sortes de réquisitoires définitifs peuvent être pris par le Procureur de la République. Il en est ainsi notamment du : réquisitoire introductif ; réquisitoire de renvoi devant le tribunal correctionnel ; réquisitoire aux fins de non-lieu partiel et de renvoi devant le tribunal correctionnel; réquisitoire définitif de non-lieu partiel, de disjonction et de renvoi devant le tribunal correctionnel ; réquisitoire aux fins de transmission des pièces à monsieur le procureur général près la Cour d'appel, réquisitoire aux fins de déclaration tardive de naissance ; réquisitoire aux fins de déclaration tardive de décès ; réquisitoire aux fins de mise en liberté d'office ; réquisitoire aux fins de refus de mise en liberté provisoire et de réouverture de l'information ; etc.

Nous dirons, sans entrer dans les questions de style ou de dactylographie, que le réquisitoire doit être "aéré" et ne pas être présenté sous une forme pas trop compacte susceptible de rebuter le lecteur.

---

[14]- idem.

Par contre, il nous faut insister sur la cotation du réquisitoire. Le dossier de l'information est, on le sait, coté. Les affirmations avancées par le magistrat du parquet dans son réquisitoire doivent faire référence à la cote ou aux cotes du dossier sur lesquelles elles s'appuient.

Si le dossier est de minime importance (une vingtaine de cotes) l'exigence de la cotation apparaîtra superflue.

Pour coter un réquisitoire, deux méthodes sont employées qui ont chacune leurs partisans :

- Ou bien, on porte les cotes en marge du texte et plus précisément, bien sûr, à la hauteur des phrases concernées :

On écrira ainsi :

D.42	"L'inculpé s'obstinait à nier les faits qui lui
D.42, D.26	sont reprochés, bien que le témoin Disvanel
D.20	soit resté formel en ses accusations, et
	lorsque l'arme du crime a été retrouvée
	dans le buffet de son domicile."

- Ou bien, on mentionne les cotes dans le corps même du texte, et la cotation apparaît alors comme une sorte de ponctuation de la démonstration.

On écrira ainsi :

> "L'inculpé s'obstinait à nier les faits qui lui sont reprochés (D.42), bien que le témoin Disvanel soit resté formel en ses accusations (D.26-D.42), et lorsque l'arme du crime a été retrouvée dans le buffet de son domicile (D.20)"[15]

---

[15]- REMPLON (L), " Les réquisitoires du parquet en cours d'information", p. 77.

II- DES EXEMPLES DE RÉQUISITOIRES ÉMANANT DU PROCUREUR DE LA RÉPUBLIQUE

Les exemples rapportés ici sont issus de la pratique judiciaire congolaise. Ils témoignent de la diversité des infractions dont le procureur de la République a connaissance.

Réquisitoire n° 1(Réquisitoire introductif 1)

COUR D'APPEL DE… (NOM DE LA VILLE)
TRIBUNAL DE GRANDE INSTANCE
DE… (NOM DE LA VILLE)
PARQUET DE LA REPUBLIQUE
N °DU PARQUET …………………………... /
N° D'INSTRUCTION………..……………….. /

RÉPUBLIQUE DU CONGO
Unité*Travail*Progrès

REQUISITOIRE INTRODUCTIF

Le Procureur de la République près le Tribunal de Grande Instance de … (nom de la ville) ;

Vu la plainte n°… du … (date) ;

Attendu qu'il en résulte contre … (nom du déféré) des présomptions graves de violation du domicile et coups et blessures volontaires ;

Vu les articles 184 alinéa 1er et 2 et 309 du code pénal ;

Vu l'article 64 du code de procédure pénale ;

Requiert qu'il plaise à monsieur le juge d'instruction informer par toutes voies de droit et décerner tous mandats de justice utiles.

Fait au parquet, le … (date)

Le procureur de la République

Réquisitoire n°2 (Réquisitoire introductif 2)

COUR D'APPEL DE… (NOM DE LA VILLE)
TRIBUNAL DE GRANDE INSTANCE
DE… (NOM DE LA VILLE)
PARQUET DE LA REPUBLIQUE

RÉPUBLIQUE DU CONGO
Unité*Travail*Progrès

N °DU PARQUET…………………………. /
N° D'INSTRUCTION……………………….. /

REQUISITOIRE INTRODUCTIF

Le Procureur de la République près le Tribunal de Grande Instance de … (nom de la ville) ;

Vu la plainte avec constitution de partie civile portée par … (nom de la partie civile) en date du … ;

Vu l'ordonnance du juge d'instruction en date du … fixant le montant de la consignation ;

Vu le récépissé constatant le versement de ladite consignation ;

Attendu que la constitution de la partie civile susmentionnée est régulière en la forme et recevable quant au fond ;

Attendu qu'il résulte contre … (nom de l'inculpé) des présomptions graves de meurtre ;

Faits prévus et punis par les articles 295 et 302 du Code pénal ;

Vu les articles 70 et 71 du code de procédure pénale ;

Requiert qu'il plaise à monsieur le juge d'instruction informer par toutes voies de droit et décerner tous mandats de justice utiles.

Fait au parquet, le … (date)

Le procureur de la République

Réquisitoire n° 3 (Faits nouveaux)

COUR D'APPEL DE… (NOM DE LA VILLE)
TRIBUNAL DE GRANDE INSTANCE
DE… (NOM DE LA VILLE)
PARQUET DE LA REPUBLIQUE
N °DU PARQUET ………………………... /
N° D'INSTRUCTION……….....…………….. /

RÉPUBLIQUE DU CONGO
Unité*Travail*Progrès

REQUISITOIRE SUPPLETIF
(Faits nouveaux)

Le Procureur de la République près le Tribunal de Grande Instance de … (nom de la ville) ;
Vu la procédure suivie contre … (nom et prénom de l'inculpé) du chef de … (infraction) ;
N° du parquet … instruction cabinet … ;
Attendu que des faits non visés au réquisitoire introductif sont portés :
- à la connaissance du juge d'instruction qui nous a communiqué la procédure ;
- à notre connaissance par les pièces ci-jointes ;

Attendu qu'il en résulte contre … (nom et prénom de l'inculpé) des présomptions graves de … (infraction) ;
Faits prévus et punis par l'article … du Code pénal ;
Vu l'article … du code de procédure pénale ;
Requiert qu'il plaise à monsieur le juge d'instruction informer également sur ces faits par toutes voies de droit.

Fait au parquet, le … (date)
Le procureur de la République

Réquisitoire n° 4 (Non-informer)

COUR D'APPEL DE… (NOM DE LA VILLE)
TRIBUNAL DE GRANDE INSTANCE
DE… (NOM DE LA VILLE)
PARQUET DE LA REPUBLIQUE
N °DU PARQUET ………………………... /
N° D'INSTRUCTION………..……………... /

RÉPUBLIQUE DU CONGO
Unité*Travail*Progrès

REQUISITOIRE DE NON-INFORMER

Le Procureur de la République près le Tribunal de Grande Instance de … (nom de la ville) ;

Vu la plainte avec constitution de partie civile portée par … (nom et prénom de la partie civile ou de la victime) en date du … ;

Vu l'ordonnance du juge d'instruction en date du … fixant le montant de la consignation ;

Vu le récépissé du versement de ladite consignation ;

Vu l'ordonnance de soit-communiqué en date du … ;

Attendu que la constitution de partie civile susvisée est régulière en la forme ;

Attendu qu'elle ne saurait être recevable ; qu'à supposer les faits visés dans la plainte établis, ils n'auraient causé au plaignant aucun préjudice direct et personnel ;

Vu l'article 71 alinéa 2 du code de procédure pénale ;

Requiert qu'il plaise à monsieur le juge d'instruction déclarer irrecevable la constitution de partie civile de … (nom de la partie civile ou de la victime) en date du … ;

Fait au parquet, le … (date)

Le Procureur de la République

Réquisitoire n° 5 (Réouverture d'information sur charges nouvelles)

COUR D'APPEL DE... (NOM DE LA VILLE) TRIBUNAL DE GRANDE INSTANCE DE... (NOM DE LA VILLE) PARQUET DE LA REPUBLIQUE N °DU PARQUET .... / N° D'INSTRUCTION.............................. /	RÉPUBLIQUE DU CONGO Unité*Travail*Progrès -------------

REQUISITOIRE AUX FINS DE RÉOUVERTURE D'INFORMATION SUR CHARGES NOUVELLES

Le Procureur de la République près le tribunal de grande instance de... (nom de la ville) ;
Vu la procédure d'information judiciaire suivie contre... (nom et prénom du délinquant) ;
Du chef de... (infraction) close par ordonnance de non-lieu en date du... ;
Vu le procès-verbal du commissaire de police... en date du... ;
Attendu qu'il résulte dudit procès-verbal des éléments inconnus du magistrat instructeur qui a rendu ordonnance de non-lieu ;
Que ces éléments constituent les charges nouvelles contre... (nom et prénom du délinquant) ;
Du chef de... (infraction) ;
Faits prévus et punis par les articles... du Code pénal ;
Requiert qu'il plaise à monsieur le juge d'instruction informer par toutes voies de droit et décerner le mandat...

Fait au parquet, le.... (date)

Le procureur de la République

Réquisitoire n° 6 (Renvoi devant le tribunal correctionnel)

COUR D'APPEL DE… (NOM DE LA VILLE)
TRIBUNAL DE GRANDE INSTANCE
DE… (NOM DE LA VILLE)
PARQUET DE LA REPUBLIQUE
N °DU PARQUET ……………………….. /
N° D'INSTRUCTION…………………….. /

RÉPUBLIQUE DU CONGO
Unité*Travail*Progrès

REQUISITOIRE DE RENVOI DEVANT LE TRIBUNAL CORRECTIONNEL

Le Procureur de la République près le Tribunal de Grande Instance de… (nom de la ville) ;

Vu les pièces de l'information suivie contre … (noms et prénom de l'inculpé, nationalité, date et lieu de naissance, filiation, profession, situation matrimoniale,…) ;

Inculpé d'abus de confiance ;

Libre ;

Partie civile : … (noms et prénom de la victime, nationalité, date et lieu de naissance, filiation, profession, situation matrimoniale,…) ;

Vu la plainte en date du… et notre réquisitoire introductif en date du … ;

Vu l'ordonnance de soit-communiqué de monsieur le juge d'instruction en date du… aux fins de réquisitions de monsieur le procureur de la République sur le règlement définitif ;

Attendu que l'information a établi les faits suivants :

En séjour à … (nom du pays),… (noms et prénom de l'inculpé) conseille à … (nom de la partie civile) qui y réside d'acheter courant…(année), un véhicule de transport. En contrepartie de la prise en charge par … (noms et prénom de l'inculpé) des frais de gardiennage, d'expédition et de dédouanement à… (nom de la ville de destination)... (nom de la victime) lui confie l'exploitation commerciale dudit véhicule. Le véhicule arrive bien à… (nom de la ville de destination) et il est dédouané selon l'accord verbal des deux (2) parties. Cependant, le temps passe et… (noms et prénom de la victime) ne voit rien venir en ce qui concerne l'argent qu'elle attend de l'exploitation de son véhicule confié à … (noms et prénom de l'inculpé). Elle rentre donc en contact avec ce dernier mais, leurs multiples conversations ne lèvent pas ses préoccupations. Pour lever l'équivoque, elle demande à sa fille … (noms et prénom de cette fille) d'en savoir un peu plus sur le sort de ce moyen de transport affecté à l'exploitation commerciale ; c'est ainsi que cette dernière découvre que le véhicule se trouve bel et bien dans le parc auto de… (noms et prénom de l'inculpé) au port de… (nom de la ville) contrairement à ses allégations. De plus, il exploitait ce véhicule à son propre compte selon les informations recueillies auprès de ses employés. Pendant que… (noms et prénom de la victime) veut reprendre le véhicule,… (noms et prénom de l'inculpé),… (noms et prénom de la victime) porte plainte pour abus de confiance pour faire prévaloir ses droits.

Discussion :

Attendu qu'aux termes de l'article 408 du Code pénal : « Quiconque aura détourné ou dissipé au préjudice des propriétaires, possesseurs ou détenteurs des effets, deniers, marchandises, billets, quittances ou tous autres écrits contenant ou opérant obligation ou décharge qui ne lui aurait été remis qu'à titre de louage, de dépôt, de mandat, de nantissement, de prêt à usage, ou pour un travail salarié ou non salarié, à la charge de les rendre ou représenter ou d'en faire un usage ou un emploi déterminé, sera puni d'un emprisonnement d'un an au moins et de cinq ans au plus, et d'une amende qui sera de 300.000 francs au moins et de 3.000.000 francs au plus ou de l'une de ces deux peines seulement» ;

Attendu qu'en contrepartie de l'exploitation commerciale, du véhicule appartenant à … (noms et prénom de la partie civile),… (noms et prénom de l'inculpé) accepte de payer les frais de gardiennage et de transport à… (nom de la ville) liés à sa mise en circulation ;

Attendu que … (noms et prénom de l'inculpé) reconnaît avoir réceptionné le véhicule et confirme que … (noms et prénom de la victime) en est la propriétaire ;

Attendu que … (nom de l'inculpé) déclare que le véhicule réceptionné étant sur cale son exploitation n'a pu se faire ;

Attendu qu'il déclare en outre, que … (noms et prénom de la victime) lui doit 5.000.000 francs CFA et qu'en raison de cette dette, dont le point n'a pas été fait avec elle, il a refusé de remettre ce moyen de transport à sa fille venue le chercher ;

Attendu que … (noms et prénom de la victime) reconnaît que … (noms et prénom de l'inculpé) a bien déboursé des frais de transport et de gardiennage ;

Attendu qu'elle reconnaît également avoir confié le véhicule pour exploitation à … (noms et prénom de l'inculpé) et que faute par ce dernier d'avoir rendu des comptes sur la mise en circulation aux fins commerciales dudit véhicule, elle s'est sentie abusée ;

Attendu que les diverses investigations menées par … (noms et prénom de la fille de la victime) auprès des employés de … (noms et prénom de l'inculpé) font apparaître que le véhicule mis à la disposition de ce dernier font apparaître les allées et venues sur Cabinda à des fins commerciales ;

Attendu que ces voyages ont engendré des gains qui n'ont pas été remis à la propriétaire du véhicule ;

Attendu que … (noms et prénom de l'inculpé) reconnaît lui-même que ce véhicule appartient bel et bien à … (noms et prénom de la victime), mais justifie sa rétention parce qu'il a dépensé l'argent pour son expédition à … (nom de la ville de destination) ;

Attendu que les déclarations de … (nom de l'inculpé) ne cadrent pas avec l'esprit qui a prévalu avant l'achat de ce véhicule ;

Attendu que … (noms et prénom de la victime), a acquis ce véhicule parce que … (noms et prénom de l'inculpé) lui a fait miroiter un contrat avec DHL … (nom de la ville) ;

Attendu que cet élément suffisait pour amener … (noms et prénom de l'inculpé) à l'exploitation du véhicule sans en faire état à la légitime propriétaire ;

Attendu que … (noms et prénom de l'inculpé) n'a pas remis à … (noms et prénom de la victime) l'argent perçu lors de l'exploitation du véhicule mis entre ses mains ;

Attendu que de, ce fait, il a dissipé l'argent, fruit de l'exploitation d'un véhicule dont le mandat consistait en son exploitation à des fins commerciales ; au regard de tous ces faits, il va donc de soi que le délit d'abus de confiance est constitué ;

Qu'en conséquence, il revient au juge d'instruction de renvoyer le dossier devant le tribunal correctionnel pour y être jugé conformément à la loi en application de l'article 165 du code de procédure pénale ;

Renseignements

Pas d'antécédents judiciaires connus ;

Libre ;

RÉQUISITIONS AUX FINS DE RENVOI DEVANT LE TRIBUNAL CORRECTIONNEL

Attendu qu'il résulte de l'information judiciaire charges suffisantes contre … (noms et prénom de l'inculpé), courant … (année), en tout cas depuis temps tel que les faits ne sont pas prescrits, détourné ou dissipé diverses sommes, fruit de l'exploitation commerciale d'un véhicule de marque Volvo, immatriculé… appartenant à … (noms et prénom de la victime), véhicule qui ne lui a été remis qu'à titre de mandat à charge par lui de l'exploiter et de le restituer le moment opportun ;

Faits prévus et punis par l'article 408 du Code pénal ;

Qu'en application de l'article 165 du code de procédure pénale, il convient au juge d'instruction de renvoyer le dossier devant le tribunal correctionnel ;

PAR CES MOTIFS

Vu les pièces du dossier communiqué ;

Vu les articles 408 du code pénal et 165 du code de procédure pénale ;

Requiert qu'il plaise au juge d'instruction retenir … (noms et prénom de l'inculpé) dans les liens de la prévention du chef d'abus de confiance pour y être jugé conformément à la loi.

Fait au parquet, le… (date)

Le procureur de la République

Réquisitoire n° 7 (Renvoi devant le tribunal correctionnel)

COUR D'APPEL DE… (NOM DE LA VILLE)
TRIBUNAL DE GRANDE INSTANCE
DE… (NOM DE LA VILLE)
PARQUET DE LA REPUBLIQUE
N °DU PARQUET …………………………/
N° D'INSTRUCTION…………………………/

RÉPUBLIQUE DU CONGO
Unité*Travail*Progrès

RÉQUISITOIRE DE RENVOI DEVANT LE TRIBUNAL CORRECTIONNEL

Le Procureur de la République près le tribunal de grande instance de … (Nom de la ville);

Vu la procédure suivie contre les nommés :

1) … (noms et prénom de l'inculpé, nationalité, date et lieu de naissance, filiation, profession, situation matrimoniale, etc.) ;

Inculpé de destruction de cabane et des propriétés mobilières ;

Non détenu ;

2) … (noms et prénom de l'inculpé, nationalité, date et lieu de naissance, filiation, profession, situation matrimoniale, etc.) ;

Inculpé de destruction de cabane et des propriétés mobilières ;

Non détenu ;

Partie civile : … (noms et prénom, nationalité, date et lieu de naissance, filiation, profession, situation matrimoniale, adresse, etc.) …

Vu le réquisitoire introductif de monsieur le procureur de la République, en date du… ;

Vu le procès-verbal de non-comparution de … (noms et prénom du 2e inculpé), dressé par le magistrat instructeur en date du … ;

Vu l'ordonnance de soit-communiqué de monsieur le juge d'instruction en date du …, aux fins des réquisitions définitives de monsieur le procureur de la République ;

Sur les faits de la cause

… (noms et prénom de la partie civile), régisseur au service du cadastre à la direction départementale de … (nom du département), à la suite d'un lotissement effectué par le cadastre au quartier … (nom du quartier), la direction du cadastre avait reçu attribution de deux (2) blocs soit un total de vingt (20) parcelles de terrain. Le sieur … (noms et prénom de la partie civile), avait bénéficié d'une parcelle de terrain, faisant partie de l'attribution du cadastre, parcelle n°1 d'une superficie de 500 mètres carrés. Courant … (année), il a érigé une maison en planches éclatées de six (6) mètres sur trois (3), maison habitée. Deux (2) ans après, un certain … (noms et prénom de l'inculpé n°1), s'est déclaré propriétaire de la même parcelle de terrain, portant les références cadastrales : section CJ2, bloc 2018, parcelle n°5, acquise auprès de la famille … (nom de cette famille). Les deux (2) prenaient un rendez-vous pour se retrouver devant les deux (2) familles foncières, mais en vain, rendez-vous que devait fixer le sieur … (noms et prénom de la partie civile) après avoir réuni les moyens financiers, qu'ainsi en date du …, le sieur … (noms et prénom de la partie civile) reçoit l'appel téléphonique de madame … (noms et prénom de cette dernière), membre de la famille … (nom de cette famille), qui lui faisait savoir que ladite parcelle de terrain querellée était la propriété de … (noms et prénom de l'inculpé n°1), celle-ci lui faisait passer le fils de … (noms et prénom de l'inculpé n°1), qui est policier avec qui ils prenaient rendez-vous afin de rencontrer les deux (2) familles foncières, pour éclairer la religion de cette affaire. Que cependant, au cours de cette rencontre, les membres de la famille ... (nom de cette famille) n'étaient pas présents, qu'ainsi pris de colère, le fils de … (noms et prénom de l'inculpé n°1), décidait de déloger les occupants de ladite parcelle de terrain, en enlevant les fenêtres de la maison le … (date) et le … (date), il revenait avec son père sur les lieux, enlevaient les portes et cassaient les briques qui s'y trouvaient et détruisaient ladite cabane ;

Discussion

1- Sur la responsabilité pénale de … (noms et prénom de l'inculpé n°1) :

a- Sur le délit de destruction de cabane :

Attendu que le nommé … (noms et prénom de l'inculpé n°1) est poursuivi pour destruction de cabane ;

Qu'aux termes des dispositions de l'article 451 du Code pénal, ce délit est caractérisé si l'agent pénal a de manière délibérée détruit un instrument d'agriculture, de porc de bestiaux et de cabanes de gardiens ;

Qu'à la lecture de cette disposition, se rend coupable de cette infraction, celui qui agit en sachant que le bien ou la cabane qu'il détruit appartient à autrui, sans que le mobile qui l'anime soit à prendre en considération ;

Qu'en l'espèce, monsieur … (noms et prénom de l'inculpé n°1), ensemble avec ses enfants ont enlevé les fenêtres et portes de la cabane appartenant à monsieur … (noms et prénom de la partie civile) et par la suite détruit ladite cabane propriété de … (noms et prénom de la partie civile) ;

Qu'interrogé sur ces faits, monsieur … (noms et prénom de l'inculpé n°1) a reconnu les faits qui lui sont reprochés ;

Qu'en agissant ainsi, monsieur … (noms et prénom de l'inculpé n°1) s'est rendu coupable du délit de destruction de cabane ;

Qu'il sied de le retenir dans les liens de la prévention de ce chef ;

b- <u>Sur le délit de destruction des propriétés mobilières :</u>

Attendu que … (noms et prénom de l'inculpé n°1) est également poursuivi pour destruction de propriétés mobilières ;

Qu'aux termes des dispositions de l'article 483 alinéa 6, ce délit se caractérise lorsque l'agent pénal aura volontairement causé du dommage aux propriétés mobilières d'autrui ;

Qu'en l'espèce,… (noms et prénom de l'inculpé n°1) a dans son entreprise de destruction emporté les briques et enlevé les boutures de manioc qui faisaient office de clôture de ladite parcelle de terrain appartenant à monsieur … (noms et prénom de la partie civile) et par la suite, les a détruites ensemble et de concert avec ses enfants ;

Qu'interrogé sur ces faits, il les a reconnus sans ambages ;

Qu'ainsi, dès lors qu'il a reconnu les faits mis à sa charge, sa culpabilité ne devait plus faire l'ombre d'aucun doute ;

Qu'il convient de le retenir dans les liens de la prévention de ce chef ;

2-Sur la culpabilité pénale de ... (noms et prénom de l'inculpé n°2)

a-Sur le délit de destruction de cabane :

Attendu que le nommé ... (noms et prénom de l'inculpé n°2) est poursuivi pour destruction de cabane ;

Qu'aux termes des dispositions de l'article 451 du Code pénal, ce délit est caractérisé si l'agent pénal a de manière délibérée détruit des instruments d'agriculture, de porc de bestiaux et de cabane de gardiens ;

Qu'à la lecture de cette disposition, se rend coupable de ce délit, celui qui agit en sachant que le bien ou la cabane qu'il détruit appartient à autrui, sans que le mobile qui l'anime soit à prendre en considération ;

Attendu que l'inculpé … (noms et prénom du prévenu) n'a pas comparu, malgré les multiples convocations ;

Qu'un procès-verbal de non-comparution a été dressé par le juge d'instruction en date du … ;

Qu'un mandat d'arrêt en cours a été décerné contre ce dernier par le juge d'instruction en date du … ;

Qu'en droit positif congolais, le mandat d'arrêt vaut inculpation ;

Attendu qu'en l'espèce, selon les déclarations de son père, … (noms et prénom de l'inculpé n°1), c'est son fils … (noms et prénom l'inculpé n°2), qui avait pris l'initiative de détruire ladite cabane et qu'ensemble, ils l'ont "detolée" et enlevé les fenêtres, puis câblé ladite cabane, propriété de monsieur … (noms et prénom de la victime) ;

Qu'il convient de le retenir dans les liens de la prévention de ce chef ;

b-Sur le délit de destruction des propriétés mobilières

Attendu que … (noms et prénom de l'inculpé n°2) est également poursuivi pour destruction de propriétés mobilières ;

Qu'aux termes des dispositions de l'article 483 alinéa 6, du Code pénal, ce délit se caractérise lorsque l'agent pénal aura volontairement causé du dommage aux propriétés mobilières d'autrui ;

Qu'en l'espèce, aux dires de son père, le nommé … (nom et prénom de l'inculpé n°2), a détruit ensemble et de concert avec lui les briques et les boutures de manioc appartenant à monsieur … (noms et prénom de la victime) ;

Que dans les mêmes conditions a enlevé les portes et fenêtres de la cabane de … (noms et prénom de la victime) ;

Qu'eu égard à ce qu'il n'a pas voulu comparaître par devant le juge d'instruction et qu'un mandat d'arrêt a été décerné contre ce dernier en date du … ;

Que ce mandat d'arrêt en droit positif congolais vaut inculpation ;

Qu'il n'y a plus l'ombre d'aucun doute que … (noms et prénom de l'inculpé n°2) a commis le délit de destruction des propriétés mobilières ;

Qu'il convient de le retenir dans les liens de la prévention de ce chef ;

Renseignements

Néant ;

Renvoi devant le Tribunal correctionnel

Attendu qu'il résulte de l'information judiciaire charges suffisantes contre les nommés … (noms et prénom de l'inculpé n°1) et … (noms et prénom de l'inculpé n°2) d'avoir à … (nom de la ville), le … (date), en tout cas depuis temps tel que les faits ne sont pas couverts par la prescription de l'action publique, détruit une cabane et des briques appartenant à … (noms et prénom de la partie civile) ;

Faits prévus et punis par les articles 451 et 483 alinéa 6 du Code pénal ;

Vu l'article 165 du code de procédure pénale ;

Déclarons suffisamment établie la prévention des faits de destruction de cabane et des propriétés mobilières contre … (noms et prénoms des inculpés) ;

En conséquence

Ordonnons le renvoi de la présente procédure devant le tribunal correctionnel pour y être jugée conformément à la loi.

Fait au parquet, le … (date)

Le Procureur de la République

Réquisitoire n° 8 (Non-lieu partiel et renvoi devant le tribunal correctionnel)

COUR D'APPEL DE... (NOM DE LA VILLE)	RÉPUBLIQUE DU CONGO
TRIBUNAL DE GRANDE INSTANCE	Unité*Travail*Progrès
DE... (NOM DE LA VILLE)	-------------
PARQUET DE LA REPUBLIQUE	
N °DU PARQUET .... /	
N° D'INSTRUCTION.............................. /	

REQUISITOIRE AUX FINS DE NON-LIEU PARTIEL ET DE RENVOI DEVANT LE TRIBUNAL CORRECTIONNEL

Le Procureur de la République près le Tribunal de grande instance de ... (noms de la ville) ;

Vu le dossier de la procédure suivi contre :

1)... (noms et prénom de l'inculpé, nationalité, date et lieu de naissance, filiation, profession, situation matrimoniale, etc.) ;

Inculpé d'escroquerie ;

Libre (mis en liberté provisoire) ;

2).... (noms et prénom de l'inculpé, nationalité, date et lieu de naissance, filiation, profession, situation matrimoniale, etc.) ;

Inculpé de complicité d'escroquerie ;

Libre ;

Partie civile : … (noms et prénom, nationalité, date et lieu de naissance, filiation, profession, situation matrimoniale, etc.) ;

Vu notre réquisitoire introductif en date du … ;

Vu l'ordonnance de soit-communiqué de monsieur le juge d'instruction en date du … aux fins de nos réquisitions sur le règlement définitif ;

Attendu que l'information a établi les faits suivants :

Courant … (date), … (noms et prénom de l'inculpé n°1) consentant la vente d'une parcelle de terrain référenciée n°5, bloc 73, section CG superficie 500 m^2 quartier …, village … pour un prix de 2.400.000 Francs CFA ;

Celui-ci visitait d'abord le terrain avec … (noms et prénom de l'inculpé n°1), démarcheur de … (noms et prénom de l'inculpé n°2), puis avec le vendeur … (noms et prénom de l'inculpé n°2) lui-même après versement d'un acompte de 1.000.000 Francs CFA. A ce moment … (noms et prénom de l'inculpé n°1) proposait à … (noms et prénom de la victime) un remplacement de terrain, ce dernier refusait et réclamait pour celle-ci, en sus du prix de la parcelle de terrain la somme de 400.000 Francs CFA, ce que … (noms et prénom de la victime) acceptait. Peu de temps après … (noms et prénom de la victime) versait encore la somme de 1.200.000 Francs CFA en présence de plusieurs témoins. Voulant à son tour y ériger une maison, … (noms et prénom de la victime) était convoqué à la gendarmerie à l'initiative de … (noms et prénom de l'inculpé n°1), y étant il comprenait qu'il était victime d'une escroquerie de la part de … (noms et prénom de l'inculpé n°1) car la parcelle de terrain en cause appartenant à un certain … (noms et prénom du propriétaire de la parcelle de terrain). Il reconnaissait avoir consenti la vente de ladite parcelle de terrain à … (noms et prénom de l'inculpé n°1), mais celui-ci n'avait pas encore payé totalement, alors … (noms et prénom du propriétaire de la parcelle de terrain) faisait une nouvelle attestation à … (noms et prénom de la victime) ;

Mécontent, … (noms et prénom de l'inculpé n°1) ne libérait pas non seulement le terrain mais ne restituait pas non plus l'argent de … (noms et prénom de la victime), préférant saisir les services de la gendarmerie ;

<u>Discussion :</u>

<u>-Sur le délit d'escroquerie imputé à … (l'inculpé n°1) :</u>

Attendu qu'aux termes de l'article 405 du code pénal, le délit d'escroquerie est caractérisé lorsque l'agent pénal a fait usage de faux nom, de fausse qualité ou employé de manœuvres frauduleuses pour se faire remettre des biens mobiliers de valeur tels que l'argent, les bijoux, les marchandises, les billets ou quittances au préjudice d'une personne ;

Attendu qu'en l'espèce, … (noms et prénom de l'inculpé n°1) se présente comme propriétaire du terrain alors qu'il ne l'a pas encore totalement acheté ; fausse qualité ;

Qu'il ne reconnaît pas avoir montré ledit terrain à son prétendu client alors que tous les témoins sont unanimes que c'est bien le terrain qu'il a fait visiter à ceux-ci et à … (noms et prénom de la victime) ;

Que mieux encore il a déclaré devoir vendre avec la maison qui s'y trouve ;

Attendu en plus que s'il ne reconnaît pas le terrain comme celui qu'il vendait, il n'aurait pas accepté de recevoir le deuxième acompte ;

Qu'il aurait mieux fait de montrer l'autre terrain dont il parlait mais qu'on ne voyait pas ;

Attendu que la fausse qualité et les manœuvres frauduleuses sont évidentes ;

Qu'il y a lieu de dire que le délit d'escroquerie est constitué à l'égard de … (noms et prénom de l'inculpé n°1) ;

Qu'il sied de suivre contre lui de ce chef ;

-Sur le délit de complicité d'escroquerie reproché à … (l'inculpé n°2) :

Attendu qu'aux termes de l'article 60 du Code pénal, le délit de complicité d'escroquerie se constitue par le fait par quiconque d'apporter, en toute conscience, aide, assistance, facilitation, des armes, ou tout autre instrument ou moyen à l'auteur d'un délit ou d'un crime ;

Attendu qu'en l'espèce … (noms et prénom de l'inculpé n°1) a lui-même demandé à … (noms et prénom de l'inculpé n°2) de lui trouver un client pour le terrain qu'il lui avait montré ;

Qu'il avait encaissé seul le premier acompte de même qu'il l'a fait pour le deuxième acompte ;

Qu'en sus, … (noms et prénom de l'inculpé n°2) n'était pas seul à qui … (noms et prénom de l'inculpé n°1) avait montré la parcelle de terrain concernée mais aussi au chef de bloc et autres … ;

Qu'il n'existe pas de la part de … (noms et prénom de l'inculpé n°2) fourniture de moyen ou de faux témoignage qui aurait convaincu … (noms et prénom de la victime) ;

Que de même, il n'y a pas d'intention frauduleuse de sa part ;

Que l'infraction n'est pas constituée à son égard ;

Qu'il n'y a pas lieu de suivre contre lui de ce chef ;

Renseignements

Néant ;

Réquisitions aux fins de non-lieu

Attendu qu'il ne résulte pas de l'information charges suffisantes contre … (noms et prénom de l'inculpé n°2) d'avoir commis le délit de complicité d'escroquerie qui lui est reproché ;

Vu l'article 163 du code de procédure pénale, le Juge d'instruction dire n'y avoir lieu à suivre contre … (noms et prénom de l'inculpé n°2) de ce chef ;

Réquisitions de renvoi devant le Tribunal correctionnel

Attendu qu'il résulte de l'information charges suffisantes contre … (noms et prénom de l'inculpé n°1) de s'être à … (nom de la ville), courant … (date), en tout cas depuis temps tel que les faits ne sont pas couverts par la prescription de l'action publique, soit en faisant usage de faux nom ou de fausse qualité, soit en employant des manœuvres frauduleuses, fait remettre par … (noms et prénom de la victime) la somme de 2.200.000 Francs CFA et d'avoir par l'un de ces moyens escroqué la totalité ou partie de la fortune d'autrui ;

Délit prévu et puni par l'article 405 du Code pénal ;

Requiert qu'il plaise à monsieur le Juge d'instruction de renvoyer … (noms et prénom de l'inculpé n°1) devant le Tribunal correctionnel pour y être Jugé conformément à la loi.

Fait au parquet, le… (date)

Le Procureur de la République

Réquisitoire n°9 (Non-lieu partiel, requalification et renvoi devant le tribunal correctionnel)

COUR D'APPEL DE… (NOM DE LA VILLE)
TRIBUNAL DE GRANDE INSTANCE
DE… (NOM DE LA VILLE)
PARQUET DE LA REPUBLIQUE
N °DU PARQUET …………………………... /
N° D'INSTRUCTION………...……………….. /

RÉPUBLIQUE DU CONGO
Unité*Travail*Progrès

REQUISITOIRE AUX FINS DE NON-LIEU PARTIEL, DE REQUALIFICATION ET DE RENVOI DEVANT LE TRIBUNAL CORRECTIONNEL

Le Procureur de la République près le Tribunal de grande instance de … (nom de la ville) ;

Vu le dossier de la procédure suivie contre :

1)… (noms et prénom de l'inculpé, nationalité, date et lieu de naissance, filiation, profession, situation matrimoniale, domicilie, etc.) ;

Inculpé de vol à main armée ;

Détenu suivant mandat de dépôt de monsieur le Juge d'instruction en date du… ;

Evadé ;

2) … (noms et prénom de l'inculpé, nationalité, date et lieu de naissance, filiation, profession, situation matrimoniale, etc.) ;

Inculpé de recel ;

Détenu suivant mandat de dépôt de monsieur le Juge d'instruction en date du… ;

3 … (noms et prénom de l'inculpé, nationalité, date et lieu de naissance, filiation, profession, situation matrimoniale, etc.) ;

Inculpé de vol à main armée ;

Libre ;

Vu notre réquisitoire introductif en date du… ;

Vu l'ordonnance de soit-communiqué de monsieur le Juge d'instruction tendant au règlement définitif ;

Attendu que l'information a permis d'établir les faits suivants :

En avril 1996, suite à une dénonciation à la police par une personne qui a requis l'anonymat, de s'être constitué en groupe de bandits perpétrant divers vols, les nommés …, ... et … (noms et prénoms des inculpés) ont été appréhendés et déférés devant notre parquet où ils sont poursuivis pour :

- Vol à main armée en ce qui concerne … (l'inculpé n°1) et … (l'inculpé n°3) ;
- Recel en ce qui concerne … (l'inculpé n°2) ;

Interrogé, … (noms et prénom de l'inculpé n°1) a reconnu avoir volé courant … (date), un pneu d'un véhicule de marque Peugeot type 504 qui appartenait à son père ;

… (noms et prénom de l'inculpé n°3) qui n'a pas été déféré a néanmoins déclaré lors de l'enquête préliminaire, avoir courant… (date) et… (date) successivement volé des produits de beauté au marché…, trois (3) radiocassettes appartenant à des personnes inconnues de lui, et que la dernière radiocassette avait été remise à … (noms et prénom de l'inculpé n°2) qui l'a vendue au marché … ;

… (noms et prénom de l'inculpé n°2) a en outre eu envie de vendre un ensemble Bazin et une paire de chaussures (basket) sans en connaître l'origine. Il a remis le produit de la vente à … (noms et prénom de l'inculpé n°3) qui l'a récompensé par une somme de 500 Frans CFA ;

Réquisitions de non-lieu

Attendu que … (noms et prénom de l'inculpé n°2) est inculpé de recel ;

Qu'en effet comme il ressort des faits énoncés plus haut, … (noms et prénom de l'inculpé n°2) a reconnu avoir reçu et vendu une radiocassette ainsi que des produits de beauté qui lui ont été remis par … (noms et prénom de l'inculpé n°3) lequel à son tour a reconnu les avoir volés ;

Attendu néanmoins que sur interpellation lors de sa deuxième comparution devant monsieur le Juge d'instruction, … (noms et prénom de l'inculpé n°2) répondait qu'il ignorait la provenance de tous ces objets ;

Que cela n'a été nulle part démenti ;

Que dans ces conditions, le fait pour ... (noms et prénom de l'inculpé n°2) d'ignorer que l'origine des choses dites recelées était frauduleuse, ne permet plus la réunion des éléments constitutifs de l'infraction qui nécessite que le receleur ait agi sciemment ;

Non- lieu

Attendu qu'il ne résulte pas de l'information charges suffisantes contre … (noms et prénom de l'inculpé n°2) de s'être rendu coupable du délit de recel qui lui était reproché ;

Vu l'article 163 du code de procédure pénale ;

Requiert non-lieu à suivre contre le nommé … (noms et prénom de l'inculpé n°2) de ce chef ;

Réquisitoire de requalification et de renvoi

Attendu que … et … (noms et prénoms des inculpés n°1 et 3) sont inculpés de vol à main armée prévu et puni par l'article 381 du code pénal ;

Que cependant, bien qu'ils aient reconnu tour à tour la soustraction frauduleuse : pour ... (noms et prénom de l'inculpé n°1), d'un pneu de voiture et pour … (noms et prénom de l'inculpé n°3), des radiocassettes et des produits de beauté, ils ont posé ces actes sans le port, encore moins l'utilisation d'une arme quelconque ;

Que l'absence d'arme se vérifie non seulement par les déclarations des inculpés devant le magistrat instructeur, mais également par l'inexistence au dossier, de la mention d'un scellé de cette nature ;

Qu'ainsi les inculpés … et ... (noms et prénoms des inculpés n°1 et 3) ont commis l'infraction de vol prévue et punie par les articles 379 et 401 du Code pénal mais non celle prévue et réprimée par l'article 381 du même code ;

En conséquence

Requiert qu'il plaise à monsieur le Juge d'instruction de requalifier en ce sens ;

Renseignements

Néant ;

Renvoi :

Attendu qu'il résulte de l'information charges suffisantes contre :

- … (noms et prénom de l'inculpé n°1) d'avoir à … (nom de la ville), courant… (date) frauduleusement soustrait un pneu d'un véhicule de marque Peugeot type 504 appartenant à autrui ;
- … (noms et prénom de l'inculpé n°3) d'avoir à … (nom de la ville), courant … (date) et … (date) frauduleusement soustrait et de manière successive trois (3) radiocassettes, des produits de beauté, un ensemble Bazin et une paire de chaussures (basket) appartenant à des personnes non identifiées ;

Faits prévus et punis par les articles 379 et 401 du Code pénal ;

Vu l'article 165 du code de procédure pénale ;

Requiert qu'il plaise à monsieur le Juge d'instruction de bien vouloir ordonner le renvoi de l'affaire devant le Tribunal correctionnel de céans pour y être jugée conformément à la loi.

Fait au parquet, le… (date)
Le Procureur de la République

Réquisitoire n° 10 (Non-lieu partiel et renvoi devant le tribunal correctionnel)

COUR D'APPEL DE… (NOM DE LA VILLE)
TRIBUNAL DE GRANDE INSTANCE
DE… (NOM DE LA VILLE)
PARQUET DE LA REPUBLIQUE
N °DU PARQUET ………………………... /
N° D'INSTRUCTION………...…………….. /

RÉPUBLIQUE DU CONGO
Unité*Travail*Progrès

REQUISITOIRE AUX FINS DE NON- LIEU PARTIEL ET DE RENVOI DEVANT LE TRIBUNAL CORRECTIONNEL

Le Procureur de la République près le tribunal de grande instance de … (nom de la ville) ;

Vu le dossier de la procédure suivie contre … (nom et prénom de l'inculpé, nationalité, date et lieu de naissance, filiation, profession, situation matrimoniale, domicile, etc.) ;

Inculpé de rébellion, violences et voies de fait, injures publiques et menaces de mort ;

Non détenu ;

Partie civile : … (nom et prénom, nationalité, date et lieu de naissance, filiation, profession, la situation matrimoniale, domicile, etc.) ;

Vu notre réquisitoire introductif en date du … ;

Vu l'ordonnance de soit-communiqué de monsieur le juge d'instruction en date du … aux fins des réquisitions de monsieur le Procureur de la République sur le règlement définitif ;

Sur les faits de la cause

Attendu que l'information a établi les faits suivants : … (nom et prénom de la victime), huissier de justice avait été requis par … (nom et prénom) aux fins d'exécuter un arrêt correctionnel rendu par la cour suprême du Congo en date du … Il signifiait cette décision en l'absence de … (nom et prénom de l'inculpé).

Le … (date), après un entretien avec monsieur l'avocat général, celui-ci demandait d'attendre le retour de … (nom et prénom de l'inculpé) pour lui servir un itératif commandement. C'est ce que maître … (nom et prénom de la victime) acceptait. Le jour même maître…était informé par sa secrétaire que … (nom et prénom de l'inculpé) l'avait menacé et l'attendait de pied ferme qu'il aille lui servir l'itératif commandement. Muni de cette information,… (nom et prénom de la victime) informait le parquet de la République de ces faits, ainsi il se faisait accompagner de trois (3) policiers dont deux (2) du piquet de police du parquet, le … (date). Ce … (même date) il se rendait donc au domicile de … (nom et prénom de l'inculpé) accompagné de ces agents de la force publique. Y étant, ils étaient reçus par le gardien de … (nom et prénom de l'inculpé) qui, après avoir reçu l'ordre de son chef, les fait entrer. Ils y trouvaient … (nom et prénom de l'inculpé) qui demandait à son gardien de leur amener des chaises, maître… (l'huissier) déclinait cette offre disant qu'il venait tout juste signifier son exploit. Pendant que Maître … (nom et prénom de l'huissier) remplissait son exploit, il était surpris de recevoir en plein visage le gaz lacrymogène pulvérisé par … (nom et prénom de l'inculpé). Il perdait de ce fait ses lunettes et son téléphone portable. Tentant de maîtriser … (nom et prénom de l'inculpé), les deux (2) policiers recevaient à leur tour le contenu de la bombe lacrymogène. C'est le troisième (3ème) policier qui lui aussi, porteur d'une bombe lacrymogène pulvérisait sur … (nom et prénom de l'inculpé) son gaz. Pendant qu'il s'échappait, il sortait un canif suivi par les policiers, … (nom et prénom de l'inculpé) acceptait et conduisait tout le monde au domicile de monsieur l'avocat général qui était absent, puis au tribunal de grande instance de … (nom de la ville) où il continuait à injurier et à menacer maître…(nom et prénom de la victime) en des termes suivants : « voleur je vais te bousiller, je vais mettre mon argent en jeu pour avoir ta peau et finir avec toi » ;

Les trois policiers entendus déclaraient avoir vu … (nom et prénom de l'inculpé) pulvériser le gaz lacrymogène au visage de maître … (nom et prénom de la partie civile) et déclarer entre autres à haute voix « …(nom de la victime) tu continues à m'embêter », « je m'en fous de vous, je ne vous ai pas appelé chez moi, nous avons un contentieux depuis de longues dates et vous continuez à venir chez moi », « de toutes les façons, vous avez la chance, je devais finir avec vous. Je devais vous tuer avec ce couteau. Ta chance c'est parce que vous êtes venus avec des policiers », « ça fait longtemps que tu me cherches. Je vais te tuer, tu vas voir », « tu veux profiter de mon argent. Tu vas voir je vais te tuer » ;

… (nom et prénom de l'inculpé) allègue que maître … (nom et prénom de la victime) avait forcé d'entrer chez lui et qu'en lui demandant les réquisitions de policiers, maître … demandait aux policiers de lui mettre les menottes pendant qu'il allait se réfugier derrière lui. C'est à ce moment que l'un des policiers lui pulvérisait du gaz lacrymogène et lui en réaction pulvérisant son insecticide sur maître … (nom et prénom de la victime).

Que pour lui c'est une affaire de fille qui les opposait. Aucun témoin n'est venu corroborer ses déclarations.

Discussions

Attendu que … (nom et prénom de l'inculpé) est inculpé de rébellion, de violences et de voies de fait, d'injures publiques et menaces de mort ;

1- **Sur le délit de rébellion**

Attendu que le délit de rébellion prévu et puni par les articles 209 et 212 du code pénal se définit comme le fait d'opposer une résistance violente à une personne dépositaire de l'autorité agissant dans l'exercice de ses fonctions ;

Que cela implique l'emploi de violence, c'est-à-dire l'existence de voies de fait ;

Que de même en l'absence de contact physique, les voies de fait existent dès lors que les faits consistent à impressionner vivement la victime, par exemple : viser l'agent ou se saisir d'une arme quelconque ;

Attendu qu'en l'espèce … (nom et prénom de l'inculpé) a dirigé du gaz lacrymogène sur le visage de maître … (nom et prénom de la victime), même s'il déclare qu'il s'agissait d'un insecticide alors que selon ses dires c'est le policier qui avait commencé par lui pulvériser ;

Qu'au lieu de répondre à la prétendue agression du policier en s'attaquant à celui-ci, il s'est plutôt attaqué à maître … (nom et prénom de la victime) alors que ce dernier ne l'avait pas attaqué ;

Que de toutes les façons cela n'est non seulement pas un moyen solide de défense, mais aussi n'excuse ou n'efface l'agression de maître … (nom et prénom de la victime) par … (nom et prénom de l'inculpé) ;

Que le fait de pulvériser maître … (nom et prénom de la victime) avec du gaz lacrymogène ou de l'insecticide constitue des violences et voies de fait ;

Attendu que le deuxième (2ème) élément constitutif de la rébellion est la qualité et la mission de la victime ;

Attendu que l'article 209 du Code pénal compte parmi les personnes investies de l'autorité publique les officiers ministériels ;

Qu'or maître … (nom et prénom de la victime) est huissier de justice donc officier ministériel protégé par la loi dans l'exercice de ses fonctions ;

Attendu que l'article 209 du Code pénal ajoute que l'officier ministériel doit être dans l'exercice de l'une de ses missions « agissant pour l'exécution des lois, des ordres ou ordonnances de l'autorité publique, des mandats de justice ou jugements … » ;

Qu'ici la notion de jugement s'étend à toute décision de justice ;

Attendu que maître … (nom et prénom de la victime) était dans l'exécution d'une décision de justice à savoir un arrêt de la cour suprême ;

Que … (nom et prénom de l'inculpé) connaissait bien la qualité de maître … (nom et prénom de la victime) et sa mission et que c'est intentionnellement qu'il a agi ainsi ;

Attendu que l'irrégularité réelle ou présumée de la procédure n'est pas un fait justificatif ;

Attendu que tous les éléments constitutifs de l'infraction de rébellion sont réunis à l'encontre de … (nom et prénom de l'inculpé) ;

Qu'il sied de suivre contre lui de ce chef ;

2- <u>Sur le délit des violences et voies de fait</u>

Attendu que les violences et voies de fait dont maître … (nom et prénom de la victime) de la part de … (nom et prénom de l'inculpé) ont été suffisamment démontrées supra ;

Qu'il convient cependant de les considérer comme la manifestation de la rébellion ;

Qu'elles ne peuvent être prises comme un délit à part ;

Qu'il sied donc de ne suivre contre … (nom et prénom de l'inculpé) de ce chef ;

3- <u>Sur les injures publiques</u>

Attendu qu'il est constant que … (nom et prénom de l'inculpé) a traité maître … (nom et prénom de la partie civile) de voleur et de vouloir profiter de son argent ;

Que ces phrases et mots ont été aussi entendus par les policiers qui accompagnaient maître … (nom et prénom de ce dernier) ;

Qu'invité à faire venir ses témoins, … (nom et prénom de l'inculpé) s'est refusé se contentant de réfuter ces faits ;

Attendu que cela n'est qu'une forme de défense sans preuve ;

Que les faits d'injures publiques, puisque faites au palais de justice qui est un lieu public doivent être retenus contre … (nom et prénom de l'inculpé) ;

Qu'il convient de suivre contre lui de ce chef ;

4- <u>Sur le délit de menace de mort</u>

Attendu que l'article 306 du Code pénal punit la menace de mort ;

Que deux (2) éléments sont nécessaires pour que cette infraction soit constituée à savoir : la menace doit être celle de commettre un crime ou un délit dont la tentative est punissable et la menace doit être réitérée ;

Attendu qu'en l'espèce la menace est celle de tuer, c'est-à-dire de commettre un crime : un meurtre ;

Que la tentative de meurtre est punissable ;

Attendu que c'est à plusieurs reprises que … (nom et prénom de l'inculpé) a menacé de mort maître … (nom et prénom de la victime) en déclarant « je vais te tuer », « je vais finir avec toi », « je devais finir avec vous » ;

Que ces propos répétés de cette façon et qui constituent des menaces de mort sans ordre ont donc été réitérés ;

Qu'ainsi les deux éléments constitutifs du délit de menaces de mort sont bien réunis à l'encontre de … (nom et prénom de l'inculpé) ;

Qu'il sied de suivre contre lui de ce chef ;

Renseignements

Déjà poursuivi en justice ;

Réquisitions aux fins de non-lieu partiel

Attendu qu'il ne résulte pas de l'information charges suffisantes contre … (nom et prénom de l'inculpé) d'avoir commis le délit de violence et de voies de fait qui lui est imputé ;

Vu l'article 163 du code de procédure pénale ;

Requiert qu'il plaise à monsieur le juge d'instruction dire n'y avoir lieu à suivre contre lui de ce chef ;

Réquisitions aux fins de renvoi devant le tribunal correctionnel

Attendu qu'il résulte de l'information charges suffisantes contre … (nom et prénom de l'inculpé) d'avoir à … (lieu de la commission de l'infraction) le … (date), en tout cas depuis temps tel que les faits ne sont pas couverts par la prescription de l'action publique :

1- Commis le délit de rébellion en attaquant et résistant avec violences et voies de fait à un officier ministériel en la personne de maître … (nom et prénom de la partie civile), huissier de justice, agissant en exécution d'un arrêt de la Cour suprême du Congo du … (date) ;
Délit prévu et puni par les articles 209 et 212 du Code pénal ;
2- Dans les mêmes circonstances de temps et de lieux proféré des menaces de mort contre maître … (nom et prénom de ce dernier) en lui disant « je vais te tuer », « je vais te bousiller », « je mettrai tout mon argent en jeu pour avoir ta peau et finir avec toi » ;
Délit prévu et puni par l'article 306 du Code pénal ;
3- Dans les mêmes circonstances de temps et de lieu proféré publiquement des injures à l'encontre de maître … (nom et prénom de ce dernier) en le traitant de voleur, de « con » ;
Délit prévu et puni par les articles 195 et 199 de la loi n° 8 – 2001 du 12 novembre 2001 sur la liberté de la communication et de l'information ;

Vu l'article 165 du code de procédure pénale ;

Requiert qu'il plaise à monsieur le juge d'instruction renvoyer … (nom et prénom de l'inculpé) devant le tribunal correctionnel pour y être jugé conformément à la loi.

Fait au parquet, le…(date)
Le Procureur de la République

Réquisitoire n° 11 (Non-lieu partiel et de renvoi devant le tribunal correctionnel)

COUR D'APPEL DE… (NOM DE LA VILLE)
TRIBUNAL DE GRANDE INSTANCE
DE… (NOM DE LA VILLE)
PARQUET DE LA REPUBLIQUE
N °DU PARQUET …………………………... /
N° D'INSTRUCTION………..……………... /

RÉPUBLIQUE DU CONGO
Unité*Travail*Progrès

REQUISITOIRE AUX FINS DE NON-LIEU PARTIEL ET DE RENVOI DEVANT LE TRIBUNAL CORRECTIONNEL

Le Procureur de la République près le tribunal de grande instance de… (nom de la ville) ;

Vu les pièces du dossier de l'information judiciaire suivie contre le nommé … (noms et prénom de l'inculpé, nationalité, date et lieu de naissance, filiation, situation matrimoniale, profession, etc.) ; Inculpé d'excitation d'une fille mineure à la débauche et de complicité d'avortement en application des articles 59, 60, 317 et 334 du Code pénal ;

PARTIE CIVILE : … (noms et prénom de la partie civile ou du plaignant), ès qualité de sa fille … (noms et prénom de cette fille) ;

Vu le réquisitoire introductif en date du … ;

Vu l'ordonnance de soit-communiqué du juge d'instruction en date du … sur le règlement définitif ;

L'information a établi les faits suivants :

Courant le mois de … (date), le nommé … (noms et prénom de l'inculpé) et la nommée … (noms et prénom de cette fille), âgée de 17 ans commençaient à entretenir des relations sexuelles ;

Au mois de … (date), l'épouse de … (noms et prénom de l'épouse de l'inculpé) était informée de ces relations intimes entre son époux et la nommée … (noms et prénom de cette fille mineure) ;

C'est ainsi qu'elle rassemblait les parents de cette fille mineure en présence de son époux et elle leur faisait injonction de dire à leur fille d'arrêter les relations intimes avec son époux ;

Dans les mêmes temps, les parents de cette jeune fille mineure soutenaient qu'elle était déjà en grossesse et exigeaient de faire un examen médical parce que … (noms et prénom de l'inculpé) et … (noms et prénom de la fille mineure) soutenaient au contraire qu'elle attendait voir les règles mensuelles normalement le ... (date) ;

Toutefois,… (noms et prénom de l'inculpé) leur remettait la somme de 20.000FCFA pour entreprendre un examen médical à la clinique … (nom de cette clinique), le médecin traitant dit que … (noms et prénom de la fille mineure) portait déjà une grossesse de six (6) semaines et établit un certificat médical le … (date) ;

Cependant, … (noms et prénom de la fille mineure) continuait à soutenir qu'elle n'était pas en état de grossesse ;

Ainsi sa cousine … (noms et prénom de cette cousine) et son amie … (noms et prénom de cette amie) l'obligeaient à repartir en consultation à la clinique … (nom de cette clinique) où le médecin observait au contraire qu'elle n'était pas en état de grossesse ; A cause de ce résultat négatif donné à la clinique … (nom de cette clinique), sa cousine … (noms et prénom de cette cousine) et son époux disaient que certainement elle s'est fait avorter en accord avec son ami ; le père de la fille mineure déposait plainte contre … (noms et prénom de l'inculpé) pour avortement, complicité d'avortement et excitation d'une fille mineure à la débauche ;

Discussion

Attendu que le nommé … (noms et prénom de l'inculpé) est inculpé de complicité d'avortement et d'excitation d'une fille mineure à la débauche ;

-Sur le délit de complicité d'avortement

Attendu qu'aux termes des dispositions combinées des articles 60 et 317 bis du Code pénal, le délit de complicité est constitué lorsqu'un individu a fait des dons, des promesses, des menaces, un abus d'autorité ou de pouvoir ou donner des instructions ou autre individu en vue de faire procéder à l'avortement d'une femme enceinte ou supposée enceinte ;

Qu'en l'espèce, la fille … (noms et prénom de cette fille mineure) âgée de 17 ans a été observée enceinte de six (6) semaines le … (date) par le médecin … (noms et prénom du médecin) à la clinique … (nom de la clinique), tel que les parents soutenaient ;

Que cependant *a contrario*, elle a été observée sans être enceinte à la clinique … (nom de la clinique) après quelques semaines en présence de ses parents ; tel que ...(nom de la fille mineure) et son amant … (noms et prénom de l'inculpé) soutenaient continuellement ;

Que malgré cette contradiction, des deux observations, l'auteur et le lieu de l'avortement n'ont pas été indiqués et les soins médicaux relatifs au traitement de l'avortement n'ont pas été constatés par les parents ;

Qu'il convient de constater l'absence de preuves sur l'état de grossesse de … (noms et prénom de la fille mineure) et sur l'auteur et les actes matériels de l'avortement ;

Que dans le même sens, aucun acte de preuve de complicité n'a été apporté contre … (noms et prénom de l'inculpé) ;

Qu'il sied de requérir que les faits de la cause ne constituent pas le délit de complicité d'avortement reproché à … (noms et prénom de l'inculpé) ;

Qu'il n'y a lieu à poursuivre contre lui de ce chef en application de l'article 163 du code de procédure pénale;

-Sur le délit d'excitation d'une fille mineure à la débauche

Attendu que l'article 334 dernier alinéa du Code pénal dispose : « … sera puni des peines portées au premier paragraphe, quiconque aura attenté aux mœurs, soit en excitant, favorisant ou facilitant habituellement la débauche ou la corruption de la jeunesse de l'un ou l'autre sexe au-dessous de l'âge de vingt et un ans, ou même occasionnellement, des mineurs de seize ans » ;

Qu'en l'espèce,… (noms et prénom de l'inculpé) âgé de 40 ans a reconnu avoir entrepris des relations sexuelles régulièrement avec la mineure … (noms et prénom de la fille mineure), alors âgée de 17 ans sans avoir été reconnu comme époux ou futur époux par les parents de cette dernière ;

Qu'en droit, les faits mis à la charge de … (noms et prénom de l'inculpé) constituent le délit d'excitation d'une fille mineure à la débauche ;

Que l'élément légal de ce délit est l'article 334 bis du Code pénal, l'âge de la mineure au-dessous de 21 ans et l'élément matériel est les actes successifs d'entretien des relations sexuelles et l'élément moral est la volonté et la conscience manifestée par ... (noms et prénom de l'inculpé) en accomplissant régulièrement des actes sexuels dans des conditions interdites par la loi pénale ;

Qu'il sied de requérir le renvoi de l'inculpé ... (noms et prénom de l'inculpé) et le dossier de la procédure devant le tribunal correctionnel en application de l'article 165 du code de procédure pénale pour y être jugé conformément à la loi ;

Renseignements

Néant ;

Non-lieu partiel

Attendu qu'il ne résulte pas de l'information judiciaire charges suffisantes contre ... (noms et prénom de l'inculpé) d'avoir été à ... (nom de la ville), courant ... (date), en tout cas depuis temps tel que les faits ne sont pas couverts par la prescription de l'action publique, rendu complice de l'avortement pratiqué sur la mineure ... (noms et prénom de la fille mineure), âgée de 17 ans ;

Délit prévu et puni par l'article 334 du Code pénal ;

Que les faits de la cause ne constituent pas le délit de complicité d'avortement, qu'il n'y a lieu à poursuivre contre lui de ce chef ;

Renvoi devant le tribunal correctionnel

Attendu *a contrario* qu'il résulte de la même information judiciaire, charges suffisantes contre ... (noms et prénom de l'inculpé) d'avoir à ... (nom de la ville), courant ... (date), en tout cas depuis temps tel que les faits ne sont pas couverts par la prescription de l'action publique excité à la débauche la mineure … (noms et prénom de la fille mineure) âgée de 17 ans ;

Que la prévention du délit d'excitation à la débauche d'une fille mineure est constituée;

Qu'il sied de requérir le renvoi de l'inculpé … (nom de l'inculpé) et le dossier de la procédure devant le tribunal correctionnel en application de l'article 165 du code de procédure pénale pour y être jugé conformément à la loi ;

PAR CES MOTIFS

Requiert qu'il plaise, à monsieur le juge d'instruction du 3e cabinet, constater et ordonner que les faits mis à la charge de … (noms et prénom de l'inculpé) ne constituent pas le délit de complicité d'avortement ;

Ordonner en conséquence qu'il n'y a lieu à poursuivre contre lui de ce chef en application de l'article 163 du Code de procédure pénale ;

Constater et ordonner *a contrario* que les faits de la cause constituent le délit d'excitation d'une fille mineure à la débauche conformément à l'article 334 du Code pénal ;

Ordonner en conséquence le renvoi de l'inculpé et du dossier de la procédure devant le tribunal correctionnel en application de l'article 165 du code de procédure pénale.

Fait au parquet, le… (date)

Le Procureur de la République

Réquisitoire n° 12 (Non-lieu total)

COUR D'APPEL DE… (NOM DE LA VILLE)
TRIBUNAL DE GRANDE INSTANCE
DE… (NOM DE LA VILLE)
PARQUET DE LA REPUBLIQUE
N °DU PARQUET …………………………... /
N° D'INSTRUCTION………..……………... /

RÉPUBLIQUE DU CONGO
Unité*Travail*Progrès

REQUISITOIRE DE NON-LIEU TOTAL

Le Procureur de la République près le tribunal de grande instance de … (nom de la ville) ;

Vu les pièces de l'information judiciaire suivie contre :

… (noms et prénom de l'inculpé, nationalité, date et lieu de naissance, filiation, profession, situation matrimoniale, etc.) ;

Inculpé de vol ;

Libre ;

Partie civile : … (noms et prénom de la partie civile, nationalité, date et lieu de naissance, filiation, profession, situation matrimoniale, etc.) ;

Vu la plainte en date du … et notre réquisitoire introductif en date du … ;

Vu l'ordonnance de soit-communiqué de monsieur le juge d'instruction en date du … aux fins de réquisitions de monsieur le Procureur de la République sur le règlement définitif ;

L'information a établi les faits suivants :

Le sieur … (noms et prénom de la partie civile) fait acheter en France une scierie mobile et celle-ci arrive au Congo en janvier … (année de l'arrivée de la marchandise).

En séjour à … (nom d'une ville congolaise) pour la dédouaner, la note de détail et la facture lui sont remises par les services habilités. Après avoir payé les frais consécutifs à la prise de possession de cette scierie, il est informé que la machine était introuvable. Le temps étant compté pour le plaignant, il regagne … (nom d'une autre ville congolaise) et laisse le transitaire poursuivre les recherches pour trouver la scierie. Cette dernière reste introuvable. Pour avoir le cœur net, Monsieur … (noms et prénom de la partie civile) contacte monsieur … (noms et prénom de la partie contactée par le plaignant) qui certifie avoir expédié la machine le … (date de l'expédition de la machine), machine qui ne se faisait pas toujours voir.

Monsieur … (noms et prénom d'une personne), représentant de la maison … (nom de cette maison) est contacté par … (noms et prénom de la partie civile) pour qu'il mène des investigations auprès des douanes afin de retrouver la machine ; le chef magasinier lui dira que la machine a été vendue aux enchères. Pour avoir demandé audit chef, l'ordonnance permettant cette vente aux enchères, le plaignant est informé qu'une mainlevée concernant cette machine a été prise par la direction départementale des douanes en faveur d'une association.

Les informations recueillies par le plaignant font état de ce que cette machine a été vendue à une tierce personne dont l'identité n'a pas été révélée. La machine après des tergiversations est ramenée dans le port dans un piteux état ; … (noms et prénom de l'inculpée) étant présidente de l'association au centre de cette malversation, Monsieur

… (noms et prénom de la partie civile) porte plainte contre elle pour vol.

A l'instruction, la présidente de l'association a déclaré qu'elle reconnaissait avoir retiré le colis, mais sur ordre de … (noms et prénom d'une personne) qui dirige cette même association en France. De plus, le colis étant aligné pour la vente aux enchères, elle a sollicité et obtenu auprès de la direction départementale des douanes une mainlevée, qui a permis de rentrer en possession de cette machine.

Discussion

Attendu qu'aux termes de l'article 379 du Code pénal qui dispose : « quiconque a soustrait frauduleusement une chose qui ne lui appartient pas est coupable de vol » ;

Attendu que … (noms et prénom de la victime), détenteur d'un permis d'exploitation à … (nom d'une ville) décide d'acquérir une scie mobile, afin de valoriser son exploitation forestière ;

Attendu qu'à cet effet avant l'expiration de son permis, il commande début janvier … (année) en France une scierie … modèle 8/30 série 707/609 ainsi que des pièces détachées, et débourse pour cette importation, transport compris la somme de 13.339,01 Euros ;

Attendu qu'en février … (année), lorsqu'il décide de dédouaner cette machine, il quitte … (nom d'une ville) pour … (nom d'une autre ville), mais ne peut entrer en possession de celle-ci, malgré la facture et la note de détail parce que la scie était introuvable dans les magasins de la douane ;

Attendu qu'après s'être assuré que la machine avait bien été expédiée à … (nom d'une autre ville), il demande à un transitaire de la retrouver ;

Attendu qu'après des investigations, le chef magasinier des douanes laisse entendre que la scie a été vendue aux enchères. Face à l'indignation de … (noms et prénom de la partie civile), monsieur … (noms et prénom d'une personne), le chef magasinier l'informe que suite à une mainlevée de la direction départementale des douanes, la machine avait été retirée et vendue à des tiers ;

Attendu qu'après moult péripéties, la machine a été de nouveau ramenée en piteux état dans le port ;

Attendu que la présidente de l'association … (nom de cette association) dame … (noms et prénom de cette dernière) allègue que c'est à la demande de… (noms et prénom de la présidente de cette association en France), résidant en France et présidente de leur association, qu'elle retire ladite scie mobile ;

Attendu qu'au moment où … (noms et prénom de l'inculpée) est saisie de cette demande, la machine se trouvait alors sous dépôt douane et alignée pour une vente aux enchères ;

Attendu que pour éviter qu'elle ne soit vendue aux enchères, l'association …, par l'entremise de sa présidente, sollicite et obtient de la direction départementale des douanes une mainlevée ;

Attendu que c'est sur la base de cette mainlevée que les douanes ont baissé le prix et remis contre trente mille francs la machine à dame … (noms et prénom de l'inculpée) ;

Attendu qu'il ressort de cette opération que les services des douanes ont fait preuve d'une légèreté coupable ;

Attendu que les services et notamment le magasinier des douanes n'a pas vérifié si la machine qu'elle remettait à dame … (noms et prénom de l'inculpée) lui était vraiment destinée d'autant plus qu'elle n'avait ni connaissement, ni facture à son nom ou au nom de son association ;

Attendu que pour que le vol soit constitué, outre la soustraction de la chose appartenant à autrui, contre son gré, il faut en plus, que l'intention accompagnant cet acte soit frauduleuse ;

Attendu qu'en l'espèce la scie a été remise volontairement à la présidente de l'Association … (nom de cette association) ;

Attendu que ‹‹ l'appropriation frauduleuse de la chose d'autrui – constitutive de vol – ne se rencontre pas en cas d'appropriation par une personne autre que le destinataire d'une lettre à elle remise par erreur par l'administration des postes ›› (crim. 22 janvier 1948, 143) ;

Attendu qu'en la circonstance cette jurisprudence peut être étendue à la machine objet de la plainte ; la scie mobile, ayant été remise à la présidente de l'association …, par l'administration douanière par erreur, négligence, inobservation des règlements ou complaisance, le délit de vol dès lors ne peut être constitué à l'encontre de dame … (noms et prénom de l'inculpée) ;

Renseignements

Pas d'antécédents judiciaires connus ;

Libre ;

Attendu que les actes posés par la présidente de l'association … dame … (noms et prénom de l'inculpée) ne constituent pas le délit de vol ;

Qu'il n'y a donc pas lieu à suivre contre elle de ce chef ;

Non- lieu total

Attendu qu'il ne résulte pas de l'information judiciaire charges suffisantes contre dame … (noms et prénom de l'inculpée) d'avoir à … (nom de la ville), courant … (année), soustrait frauduleusement une scie mobile au préjudice de … (noms et prénom de la victime) ;

Délit prévu et puni par les articles 379 et 401 du Code pénal ;

En conséquence

Vu l'article 163 du code de procédure pénale ;

Requiert qu'il plaise à monsieur le Juge d'instruction dire qu'il n'y a pas lieu à suivre contre elle de ce chef.

Fait au parquet, le … (date)

Le Procureur de la République

Réquisitoire n° 13 (ordonnance de jonction de procédures)

COUR D'APPEL DE… (NOM DE LA VILLE)
TRIBUNAL DE GRANDE INSTANCE
DE… (NOM DE LA VILLE)
PARQUET DE LA REPUBLIQUE
N °DU PARQUET ……………………….. /
N° D'INSTRUCTION…………..…………….. /

RÉPUBLIQUE DU CONGO
Unité*Travail*Progrès

REQUISITOIRE AUX FINS D'ORDONNANCE DE JONCTION DE PROCEDURES

Le Procureur de la République près le tribunal de grande instance de … (nom de la ville) ;

Vu la procédure suivie contre … (nom de la ville) du chef de vol (N° parquet…/… et…/…instruction) ;

Vu la procédure suivie contre … (noms et prénom de l'inculpé) des chefs de vol et recel (N° parquet …/… et…/…instruction) ;

Vu les ordonnances de soit-communiqué prises ce jour dans les deux procédures susvisées ;

Attendu qu'il résulte des éléments recueillis que les faits de vol retenus dans les deux procédures auraient des auteurs communs ;

Qu'en tout cas les objets provenant de ces vols ont été recelés par la même personne ;

Attendu qu'il est de l'intérêt d'une bonne administration de la justice de joindre les deux procédures susvisées ;

En conséquence

Vu l'article 325 du code de procédure pénale ;

Requiert qu'il plaise à monsieur le Juge d'instruction ordonner que la procédure portant le n°…/… à son cabinet et actuellement suivie contre … (noms et prénom de l'inculpé) sera jointe à la procédure n°… /… de son cabinet actuellement suivie contre … (noms et prénom de l'inculpé) ;

Fait au parquet, le… (date)

Le Procureur de La République

Réquisitoire n° 14 (non-lieu, disjonction et renvoi)

COUR D'APPEL DE… (NOM DE LA VILLE)
TRIBUNAL DE GRANDE INSTANCE
DE… (NOM DE LA VILLE)
PARQUET DE LA REPUBLIQUE
N °DU PARQUET …………………………... /
N° D'INSTRUCTION………...…………….. /

RÉPUBLIQUE DU CONGO
Unité*Travail*Progrès

REQUISITOIRE DEFINITIF DE NON-LIEU PARTIEL, DE DISJONCTION ET DE RENVOI DEVANT LE TRIBUNAL CORRECTIONNEL

Le Procureur de la République près le tribunal de grande instance de …(nom de la ville) ;

Vu les pièces de l'information suivie contre :

1) … Noms et prénom de l'inculpée, nationalité, date et lieu de naissance, filiation, profession, situation matrimoniale, adresse, etc. ;

2) … Noms et prénom de l'inculpée, nationalité, date et lieu de naissance, filiation, profession, situation matrimoniale, adresse, etc. ;

3) … Noms et prénom de l'inculpée, nationalité, date et lieu de naissance, filiation, profession, situation matrimoniale, adresse, etc. ;

4) … Noms et prénom de l'inculpée, nationalité, date et lieu de naissance, filiation, profession, situation matrimoniale, adresse, etc. ;

5) … Noms et prénom de l'inculpée, nationalité, date et lieu de naissance, filiation, profession, situation matrimoniale, adresse, etc. ;

6) … Noms et prénom de l'inculpée, nationalité, date et lieu de naissance, filiation, profession, situation matrimoniale, adresse, etc. ;

7) … Noms et prénom de l'inculpée, nationalité, date et lieu de naissance, filiation, profession, situation matrimoniale, adresse, etc. ;

8) … Noms et prénom de l'inculpée, nationalité, date et lieu de naissance, filiation, profession, situation matrimoniale, adresse, etc. ;

Inculpées de coups et blessures volontaires ;

Toutes, non détenues ;

Attendu que l'information a établi les faits suivants :

Le … (date), une discussion amicale intervenue entre des jeunes filles … (noms des inculpées) notamment, devait être prise en mauvaise part par … (nom de l'inculpée), débile membre, mère de ... (nom de l'inculpée) ; … (nom de l'inculpée), informée de l'incident s'en était enquis auprès de … (nom de l'inculpée) et ses camarades et s'aperçut par la suite que la cause était si bénigne qu'il n'importait pas de la prendre en considération ;

Telle ne fut pas l'attitude de son frère aîné … (noms et prénom de l'inculpé) lequel au contraire résolut fermement de venger sa mère, en agressant les jeunes filles chez leurs parents respectifs … (noms des inculpées) et sa fille … (noms et prénom de la jeune fille) se coalisent afin de rendre la pareille à … (noms et prénom de l'inculpé) à son domicile ;

… (noms et prénom de l'inculpé) particulièrement visée, s'était vu administrer deux soufflets consécutifs par … (noms et prénom de l'inculpé), ce que voyant,... (noms et prénoms des inculpés) se jetèrent dans la bagarre qui ne tarda pas à se généraliser puisque … (noms et prénoms des inculpés) s'y étaient mêlés pour prêter main-forte à … (noms et prénoms des inculpés) qui passaient à côté de la foule en effervescence, et regardé comme un antagoniste reçut de la part de … (noms et prénoms des inculpés) un coup de poing ;

… (noms et prénom d'un inculpé) a riposté en appliquant sur son agresseur un violent coup de bâton, la région du corps atteinte n'ayant pas été précisée, ce qu'il y a de certain c'est que … (noms et prénom d'un inculpé) a été victime d'un traumatisme du bras gauche ; dans la mêlée, il n'a pas été possible de déterminer l'auteur du traumatisme en question, car il n'était pas exclu que les éléments d'un coup donné aient été atteints de coups provenant des leurs.

Mais selon toute vraisemblance la fracture du bras de … (noms et prénom d'un inculpé) est le résultat du coup de bâton, d'autant que … (noms et prénom d'une inculpée) a pris la fuite, consciente de la gravité de son acte … (noms des inculpés) n'ont pas produit des certificats médicaux, mais l'importance de la bagarre qui s'est déroulée à coups de poing permet de retenir contre les uns et les autres les violences et voies de fait.

… (noms des inculpés), des aveux mêmes de … (noms des inculpés), n'a pas participé à l'infraction.

Enfin, les faits s'étaient produits le … (date), au moment desquels … (noms des inculpés) étaient mineurs du point de vue pénal … (noms des inculpés), atteints d'anomalies psychiques n'ont pas été inculpés.

Renseignements

Néant.

Réquisitions de non- lieu partiel

Attendu qu'il ne résulte pas de l'information charges suffisantes contre … (noms et prénoms des inculpés) d'avoir à … (nom de la ville), le … (date), volontairement porté des coups et fait des blessures ou commis des violences ou voies de fait sur les personnes de … (noms de quelques inculpés) ;

Vu l'article 163 du code de procédure pénale ;

Requiert qu'il plaise à monsieur le juge d'instruction ;

Dire n'y avoir lieu à suivre contre les susnommés ;

Réquisitions de renvoi devant le tribunal correctionnel et le tribunal pour enfants

Attendu en revanche qu'il résulte de l'information charges suffisantes contre :

a) … (noms et prénoms des inculpés), d'avoir à … (nom de la ville) circonscription judiciaire du Tribunal de grande instance de … (nom de la ville) depuis temps non prescrit et le … (date), volontairement porté des coups et fait des blessures ou commis des violences et voies de fait sur les personnes,… (noms et prénoms des victimes) lesquels coups ou blessures ou violences et voies de fait n'ont entraîné aucune incapacité de travail personnel pour les victimes ;

b) … (noms et prénoms des inculpés), d'avoir à … (nom de la ville), circonscription judiciaire du Tribunal de grande instance de … (nom de la ville) depuis temps non prescrit et le … (date) exercé des violences et voies de fait sur les personnes de … (noms et prénoms des victimes) ;

c) … (noms des inculpés), d'avoir, dans les mêmes circonstances de temps et de lieu que les personnes énumérées aux alinéas a et b volontairement porté des coups et fait des blessures sur la personne de … (noms et prénom de la victime) ;

Faits prévus et punis par les articles 309 et 311 du Code pénal ;

Requiert qu'il plaise à monsieur le Juge d'instruction ;

Déclarer suffisamment établies les préventions des faits ci-dessus spécifiés ;

- Ordonner en conséquence le renvoi de la cause, en ce qui concerne … (noms et prénoms de quelques inculpés) devant le Tribunal correctionnel pour y être jugés ;
- Et attendu que … (noms et prénoms d'autres inculpés) étaient mineurs, moins de 18 ans au moment des faits ;
- Requiert qu'il plaise à monsieur le juge d'instruction ;
- Ordonner le renvoi de la cause en ce qu'elle implique les mineurs ci-dessus nommés devant le Tribunal pour enfants pour y être jugés.

Fait au parquet, le … (date)

Le Procureur de la République

Réquisitoire n° 15 (requalification et renvoi devant le tribunal correctionnel)

COUR D'APPEL DE… (NOM DE LA VILLE)
TRIBUNAL DE GRANDE INSTANCE
DE… (NOM DE LA VILLE)
PARQUET DE LA REPUBLIQUE
N °DU PARQUET ………………………… /
N° D'INSTRUCTION……………………… /

RÉPUBLIQUE DU CONGO
Unité*Travail*Progrès

REQUISITOIRE AUX FINS DE REQUALIFICATION ET DE RENVOI DEVANT LE TRIBUNAL CORRECTIONNEL

Le Procureur de la République près de Tribunal de grande instance de … (nom de la ville) ;

Vu le dossier de la procédure suivie contre … (noms et prénom de l'inculpé, nationalité, date et lieu de naissance, filiation, profession, situation matrimoniale, etc.) ;

Inculpé de viol ;

Libre ;

Partie civile : … (noms et prénom de la victime, nationalité, date et lieu de naissance, filiation, profession, situation matrimoniale, etc.), ès qualité de sa fille mineure âgée de 14 ans nommée … (noms et prénom de la mineure) ;

Vu notre réquisitoire introductif en date du … aux fins de nos réquisitions sur le règlement définitif ;

Attendu que l'information a établi les faits suivants :

Les parents de … (noms et prénom de la mineure) c'est-à-dire monsieur … (noms et prénom du père de la mineure) et son épouse vivaient dans la même parcelle que le nommé … (noms et prénom de l'inculpé) que les enfants appelaient tonton le sage. Celui-ci vendait des yaourts et l'eau glacée mis en sachet. Pour la mise en sachet, il sollicitait souvent les services de la petite … (noms et prénom de la fille mineure) et de sa copine … (noms et prénom de cette copine), toutes deux (2) mineures de 14 ans. C'est ainsi qu'un jour de l'an … (année), … (noms et prénom de l'inculpé) prenait rendez-vous avec … (noms et prénom de la mineure) dans l'hôtel situé au quartier … (nom du quartier) où ils entretenaient des relations sexuelles. Dès lors ils refaisaient la même chose à six (6) reprises, soit trois (3) fois dans le petit hôtel habituel jusqu'au jour où la mère de … (noms et prénom de la mineure) la nommée … s'en rendait compte et saisissait les services de la police ès qualité de sa fille mineure pour viol.

… (noms et prénom de l'inculpé) alias Tonton le Sage reconnaît parfaitement avoir entretenu des rapports sexuels consensuels avec … (noms et prénom de la mineure), tout en précisant que c'étaient des rapports protégés et le faisant la mineure n'était plus vierge.

Discussion

Attendu que … (noms et prénom de l'inculpé) est poursuivi pour viol ;

Attendu que le viol prévu et puni par l'article 332 du Code pénal s'entend d'une conjonction sexuelle sans le consentement de la femme ;

Qu'il doit s'agir d'une conjonction ; rapport sexuel, avec violence qu'il s'agisse d'une violence physique ou morale ;

Attendu qu'en l'espèce … (noms et prénom de la mineure) est formelle et constante lorsqu'elle déclare que … (noms et prénom de l'inculpé) n'a jamais usé de violence pour avoir des rapports sexuels avec elle ;

Que mieux elle déclare avoir été au moins trois (3) fois dans une chambre d'hôtel avec lui et qu'elle y allait d'elle-même tout en sachant pourquoi ;

Qu'ainsi le consentement de … (noms et prénom de la mineure) pour avoir des rapports sexuels avec … (noms et prénom de l'inculpé) était acquis de sorte qu'elle n'osait même pas en parler à sa copine … (nom de cette dernière) ;

Qu'en absence de l'élément primordial pour la qualification des relations sexuelles de viol, les reprocher à … (noms et prénom de l'inculpé) ne sont pas constitutifs du crime de viol ;

Que ces faits sont plutôt constitutifs du délit d'excitation de mineure à la débauche ;

Renseignements

Néant ;

Réquisitions aux fins de requalification

Attendu que les faits initialement qualifiés de viol s'analysent plutôt en délit d'excitation de mineure à la débauche prévu et puni par l'article 334 bis du code pénal ;

Requiert qu'il plaise à monsieur le juge d'instruction de renvoyer … (noms et prénom de l'inculpé) devant le

Tribunal correctionnel pour y être jugé conformément à la loi.

Fait au parquet, le … (date)

Le Procureur de la République

Réquisitoire n°16 (correctionnalisation, non-lieu partiel et renvoi devant le Tribunal correctionnel)

COUR D'APPEL DE… (NOM DE LA VILLE)
TRIBUNAL DE GRANDE INSTANCE
DE… (NOM DE LA VILLE)
PARQUET DE LA REPUBLIQUE
N °DU PARQUET …………………………... /
N° D'INSTRUCTION………...…………….. /

RÉPUBLIQUE DU CONGO
Unité*Travail*Progrès

REQUISITOIRE DEFINITIF AUX FINS DE CORRECTIONNALISATION, DE NON-LIEU PARTIEL ET DE RENVOI DEVANT LE TRIBUNAL CORRECTIONNEL

Le Procureur de la République près le Tribunal de grande instance de … (nom de la ville) ;

Vu les pièces de la procédure suivie contre les nommés:

1) … Noms et prénom de l'inculpé, nationalité, date et lieu de naissance, filiation, profession, situation matrimoniale, adresse, etc. ;

2) … Noms et prénom de l'inculpé, nationalité, date et lieu de naissance, filiation, profession, situation matrimoniale, adresse, etc. ;

3) … Noms et prénom de l'inculpé, nationalité, date et lieu de naissance, filiation, profession, situation matrimoniale, etc. ;

4) … Noms et prénom de l'inculpé, nationalité, date et lieu de naissance, filiation, profession, situation matrimoniale, adresse, etc. ;

5) … Noms et prénom de l'inculpé, nationalité, date et lieu de naissance, filiation, profession, situation matrimoniale, adresse, etc. ;

Et autres ;

Tous inculpés de diffamation, de destruction immobilière et de destruction d'arbres fruitiers ;

Non détenus ;

Partie civile : … (noms et prénom, nationalité, date et lieu de naissance, filiation, profession, situation matrimoniale, etc.) ;

Vu notre réquisitoire introductif en date du … ;

Vu l'ordonnance de soit-communiqué datée du ... de monsieur le juge d'instruction du 2e cabinet d'instruction aux fins de règlement définitif ;

Attendu que l'information a permis d'établir les faits suivants :

Suite au décès de deux (2) enfants dont la fille de … (noms et prénom de la partie civile) et le fils de … (noms et prénom du père du fils), des consultations fétichistes effectuées révélaient que le nommé … (noms et prénom de la partie civile) en était à l'origine. A la troisième consultation, le sous-préfet du district de … (nom du district) informé, arrivait le … (date) au village … (nom du village) en vue de régler le différend né dudit décès. Fort malheureusement après le départ de celui-ci, … (noms et prénoms des inculpés) armés de divers objets et de l'essence arrivaient au domicile de … (noms et prénom de la partie civile), et le menaçaient de mort.

Pour s'en échapper, l'infortuné sortait de sa maison par la fenêtre arrière en tirant deux (2) coups de feu en l'air à l'aide de son fusil calibre 12 afin d'intimider les assaillants, puis prenait la fuite dans la forêt en direction de … (nom du district) dans le but de trouver refuge au commissariat de police. N'ayant trouvé de policiers audit commissariat, … (noms et prénom de la partie civile) continuerait sa fuite jusqu'à …(nom de la ville).

Furieux de n'avoir pas mis en exécution leur menace, les assaillants détruisaient une grande maison en tôle contenant de nombreux biens, brûlaient deux (2) cuisines en paille et abattaient huit (8) safoutiers au préjudice de … (noms et prénom de la victime) qui en était le propriétaire.

Indigné par ces actes, le susnommé a actionné en Justice.

Discussion

Attendu que … (noms et prénom des inculpés) sont inculpés de diffamation, de destruction immobilière et de destruction d'arbres fruitiers ;

1- Diffamation :

Attendu qu'au sens de l'article 195 de la loi n°8-2001 du 12 novembre 2001 sur la liberté de l'information et de la communication, est coupable du délit de diffamation « quiconque fait des allégations ou imputations d'un fait qui porte atteinte à l'honneur et à la considération d'une personne ou au corps auquel le fait est imputé » ;

Que pour que le délit soit constitué, la publicité est requise ;

Attendu qu'interrogés en l'espèce, … (noms et prénoms des inculpés) nient avoir accusé … (noms et prénom de la victime) de sorcellerie ;

Que cependant, ils avouent être partis en consultations fétichistes ensemble et de concert avec l'infortuné, au cours desquelles celui-ci a succombé ;

Attendu que … (noms et prénoms des inculpés) ont cru aux révélations des féticheurs consultés, que par la suite, ils ont été convaincus de ce que … (noms et prénom de la partie civile) a été à l'origine de la mort déplorée des deux (2) enfants ;

Qu'en dépit du compte-rendu des consultations qui serait fait en présence du sous-préfet de … (nom du district), les inculpés susnommés ne se sont pas empêchés de dévoiler le secret des consultations aux autres membres de la famille ;

Que d'ailleurs, il est de notoriété publique dans la contrée, qu'à la suite d'une consultation fétichiste, le nom de celui qui a succombé circule dans l'opinion avant même que l'annonce soit faite au grand public ;

Que le comportement affiché par … (noms et prénoms des inculpés) armés d'objets divers pour menacer … (noms de la victime) corrobore la thèse de diffamation ;

Qu'ainsi, la responsabilité pénale d'une part ; des inculpés … (noms et prénoms des inculpés) et d'autre part ;… (noms et prénoms des autres inculpés) dont les mandats d'amener décernés contre eux ont valeur d'inculpations, ne fait l'ombre d'aucun doute ;

Qu'il sied de les retenir tous dans les liens de la prévention de ce chef ;

2- <u>De la destruction immobilière</u>

Attendu qu'aux termes des articles 434 et 437 combinés du Code pénal, est coupable du crime de destruction immobilière « quiconque aura volontairement mis feu aux édifices ; quand ils sont habités ou servent d'habitation, qu'ils appartiennent ou n'appartiennent pas à l'auteur du crime » et, «quiconque, volontairement, aura détruit ou renversé par quelque moyen que ce soit, en tout ou en partie, des édifices, des ponts, digues ou chaussées ou autres constructions qu'il savait appartenir à autrui ... » ;

Que le crime est constitué dès lors que les actes matériels sont commandés par une intention coupable ;

Attendu qu'interrogés en l'espèce,... (noms et prénoms des inculpés) ont nié les faits sans détour ni ambages ;

Que lors de la confrontation des parties,... (noms et prénom de la partie civile) a cité d'autres auteurs des faits en les personnes de ... (noms et prénoms des autres inculpés) sans réaction des inculpés ;

Qu'aussi, la responsabilité pénale des inculpés étant incontestable, qu'il sied de les retenir dans les liens de la prévention du crime de destruction immobilière ;

Correctionnalisation des faits

Attendu que les actes déplorés sont constitutifs de crimes prévus et punis par les articles 434 et437 du Code pénal ;

Attendu cependant qu'au moment de la commission, ces crimes n'ont pas été accompagnés de sang, qu'ils n'ont pas été commis à très grande échelle ;

Que pour faire l'économie du temps ; que pour éviter d'alourdir le rôle d'une éventuelle session criminelle qui aura à examiner des affaires tachées de sang ; que pour une bonne et rigoureuse répression des crimes du genre ; il convient de les correctionnaliser en les renvoyant devant le Tribunal correctionnel ;

3- De la destruction des arbres fruitiers

Attendu que l'article 445 du Code pénal réprime «quiconque aura abattu un arbre fruitier qu'il savait appartenir à autrui ... » ;

Attendu qu'il est également reproché à ... (noms et prénoms des inculpés) la destruction de huit (8) safoutiers au préjudice de ... (noms et prénom de la victime) qu'en était le propriétaire ;

Qu'interrogés en l'espèce,... (noms et prénoms des inculpés) reconnaissent les faits et prétendent en être les seuls auteurs ;

Que cependant la victime cite nommément ... (noms des inculpés) comme étant coauteurs des faits sans aucune réaction de leur part ;

Que leur responsabilité pénale étant incontestable, il sied de les retenir dans les liens de la prévention de ce chef ;

Non- lieu partiel

Attendu qu'il ne résulte pas de l'information, charges suffisantes contre ... (noms et prénoms de quelques inculpés), d'avoir au village ... (nom du village), circonscription judiciaire du Tribunal de grande instance de... (nom de la ville), le ... (date), en tout cas depuis temps tel que les faits ne sont pas couverts par la prescription de l'action publique, ensemble et de concert, volontairement détruit une maison d'habitation et deux (2) cuisines au préjudice de ... (noms et prénom de la partie civile) qui en était propriétaire ;

D'avoir dans les mêmes circonstances de temps et de lieu, ensemble et de concert, abattu huit (8) safoutiers appartenant au susnommé ;

Faits prévus et punis par les articles 434, 437 et 445 du Code pénal ;

Renseignements

Il ne ressort d'aucune pièce du dossier de la procédure que les inculpés font l'objet d'antécédents judiciaires ;

Renvoi devant le Tribunal

Attendu qu'il résulte de l'information charges suffisantes contre … (noms et prénoms d'autres inculpés et autres), d'avoir au village … (nom du village), circonscription judiciaire du tribunal de grande instance de … (nom de la ville), le … (date), en tout cas depuis temps tel que les faits ne sont pas couverts par la prescription de l'action publique, fait des allégations ou imputations d'un fait qui porte atteinte à l'honneur et à la considération de … (noms et prénom de la victime) qui en était propriétaire ;

D'avoir dans les mêmes circonstances de temps et de lieu, ensemble et de concert, abattu huit (8) safoutiers appartenant au susnommé ;

En conséquence

Vu l'article 163 du code de procédure pénale ;

Requiert qu'il plaise à monsieur le Juge du 2e cabinet d'instruction déclarer n'y avoir lieu à suivre contre … (noms et prénoms de quelques inculpés) des chefs de destruction d'arbres fruitiers ;

En revanche, vu l'article 165 du même code ;

Requiert qu'il plaise à monsieur le Juge sus-indiqué :

- Déclarer y avoir lieu à suivre … (noms et prénoms des autres inculpés et autres) du chef de diffamation et, contre … (noms et prénoms des autres inculpés) des chefs de destruction immobilière et de destruction d'arbres fruitiers ;

- Ordonner le renvoi de l'affaire devant le Tribunal correctionnel.

Fait au parquet, le ... (date)
Le Procureur de la République

Réquisitoire n° 17 (requalification, prolongation de la détention et transmission des pièces au procureur général près la Cour d'appel)

COUR D'APPEL DE… (NOM DE LA VILLE)
TRIBUNAL DE GRANDE INSTANCE
DE… (NOM DE LA VILLE)
PARQUET DE LA REPUBLIQUE
N °DU PARQUET …………………………... /
N° D'INSTRUCTION………..……………... /

RÉPUBLIQUE DU CONGO
Unité*Travail*Progrès

RÉQUISITOIRE AUX FINS DE REQUALIFICATION, PROLONGATION DE LA DÉTENTION ET TRANSMISSION DES PIÈCES A MONSIEUR LE PROCUREUR GÉNÉRAL PRÈS LA COUR D'APPEL DE … (NOM DE LA VILLE)

Le Procureur de la République près le tribunal de Grande Instance de … (nom de la ville) ;

Vu la procédure suivie contre : … (noms et prénom de l'inculpé, nationalité, date et lieu de naissance, filiation, profession, situation matrimoniale, etc.) ;

Inculpé de viol en application de l'article 332 du Code pénal ;

Détenu suivant mandat de dépôt du … (date) ;

Partie civile :

… (noms et prénom de la partie civile, nationalité, date et lieu de naissance, filiation, profession, situation matrimoniale, etc.) ès qualité de sa fille … (mineure) ;

Vu notre réquisitoire introductif du … (date) ;

Vu l'ordonnance de soit-communiqué de madame le juge d'instruction en date du … aux fins de règlement définitif avec demande de mise en liberté provisoire formulée par l'inculpé ;

Attendu que l'information a établi les faits suivants :

Attendu que dame … (noms et prénom de cette dame), génitrice de la mineure … (noms et prénom de la mineure), est colocataire de monsieur … (noms et prénom de l'inculpé), tous habitant dans la parcelle de monsieur … (noms et prénom du propriétaire de la parcelle) ;

Qu'un jour du mois de … au matin, dame … (noms et prénom de la partie civile) étant en train de faire la toilette à sa fille … (noms et prénom de la mineure) constatait que cette dernière avait très mal au bas-ventre et se plaignait d'une douleur au niveau de l'anus ;

Qu'inquiétée par cette nouvelle, dame … (noms et prénom de cette dame) voulant en savoir plus procéda à une inspection minutieuse du bas-ventre de sa fille, et curieusement en regardant ses fesses elle constatait avec amertume et regret que … (noms et prénom de la mineure) avait des blessures au niveau de l'anus ;

Qu'ayant interrogé sa fille sur l'origine de ces blessures, cette dernière avouait que « c'est papa … (noms et prénom de l'inculpé) qui lui avait fait cela » et aussitôt, s'adressait à un autre colocataire nommé … devant lequel la fille réaffirma les mêmes propos, ce qui conduit ce dernier à demander à dame … (noms et prénom de la partie civile) de garder son sang-froid et recourir à un médecin pour faire constater les actes de violences, puis dénoncer les faits aux autorités compétentes après avoir recueilli les preuves tangibles ;

Que dans les jours qui ont suivi, dame ... (noms et prénom de cette dernière) ayant entamé toutes les démarches était alors heurté à la difficulté de retrouver le nommé … (noms et prénom de l'inculpé) en fuite depuis la survenance des faits, mais malgré tout, la victime avait déjà porté plainte à la brigade de gendarmerie de … (lieu de gendarmerie) ;

Que quelques semaines après, au cours de ses courses au marché …, dame … a aperçu par miracle le nommé … (noms et prénom de l'inculpé) et par la clameur publique, cette dernière a pu mettre la main sur ce dernier et l'a conduit au poste de sécurité publique (PSP) de … (nom du lieu du PSP) avant d'être transféré à la brigade de gendarmerie de …. (nom du lieu de cette brigade de gendarmerie) pour être entendu sur les faits de viol mis à sa charge ;

Qu'ainsi, se résument les faits de la cause ;

Discussion

-Sur la non-caractérisation du crime de viol

Attendu que l'instruction a permis d'établir que courant le mois de …, monsieur … (noms et prénom de l'inculpé), qui est un voisin proche de dame … (noms et prénom de la partie civile), a été dénoncé par la mineure victime des faits comme étant l'auteur de la pénétration sexuelle dont elle souffre ;

Qu'après enquête préliminaire, une information a été ouverte sous l'inculpation de viol à l'encontre du susnommé ;

Attendu que l'article 332, alinéa 1er, du Code pénal dispose « quiconque aura commis le viol, sera puni des travaux forcés à temps » ;

Qu'il en résulte ainsi que le viol est une infraction de commission, consistant matériellement au fait de perforer la vulve d'un humain de sexe féminin par l'organe génital mâle, souvent par la contrainte et/ou par la violence ;

Qu'en outre le viol doit être entendu comme le fait de concevoir des relations sexuelles avec une mineure par une personne d'un âge mature douée de capacité de discernement supérieure à celle de la victime dans le but de lui transformer en un simple instrument de plaisir similaire à une pratique de pédophilie ;

Qu'en l'espèce, il est constant au regard des éléments de preuves recueillis notamment par la photographie jointe au dossier du tribunal, que l'acte de violence ou la pénétration ne s'est pas fait par le canal vaginal mais par l'anus ;

Que le certificat médical produit en l'espèce atteste une mineure encore « vierge » mais qui présente des signes d'agression à l'anus ;

Qu'en droit pénal, il existe une différence notable entre la pénétration vaginale et la pénétration anale, et cette différence consacrant la même gravité dans la répression de l'acte mais ne les englobe pas toutes sous la même qualification légale c'est toute la différence entre les crimes de viol et d'attentat à la pudeur ;

Qu'ainsi, il échet de replacer les faits de la cause dans son contexte en requalifiant le crime de viol initialement prévu en crime d'attentat à la pudeur ;

-Sur la requalification du crime de viol en crime d'attentat à la pudeur :

Attendu qu'il résulte de l'examen des pièces du dossier que l'inculpé … (noms et prénom de ce dernier) a pénétré la mineure … (noms et prénom de la jeune fille) par voie anale, acte caractérisant ainsi le crime d'attentat à la pudeur, passible de la réclusion criminelle prévue et punie par l'article 332, alinéa 2, du Code pénal qui dispose : « Quiconque aura commis un attentat à la pudeur, consommé ou tenté, avec violence contre les individus de l'un ou l'autre sexe, sera puni de réclusion » ;

Qu'il résulte d'une construction doctrinale et jurisprudentielle que le crime d'attentat à la pudeur consiste en l'accomplissement d'un acte attentatoire à l'honneur, à la dignité ou la morale d'une personne de sexe opposé, surtout lorsqu'il a été commis sur la personne d'une mineure et se caractérise par des attouchements indécents et pénétration par toutes voies autres que voie vaginale ;

Qu'ainsi interprété pénalement, le crime d'attentat à la pudeur qui est à corroborer aux faits de la présente procédure où il ressort de l'examen du dossier que l'inculpé … (noms et prénom de l'inculpé) a pénétré la mineure … (nom de l'enfant mineure) par l'anus ;

Qu'interrogé par le magistrat instructeur plusieurs fois, l'inculpé n'a pas avoué les faits commis sur un être aussi vulnérable et sexuellement immature qu'une mineure de cinq (5) ans ;

Que le certificat médical produit en l'espèce atteste une mineure encore « vierge », mais qui présente des signes d'agression à l'anus ;

Que malgré la dénégation des faits mis à sa charge, il paraît ubuesque que l'inculpé disparaisse de son domicile depuis le jour où les faits ont été commis jusqu'au moment où il sera appréhendé par la clameur publique ;

Qu'il sera également douteux de croire qu'une enfant de cinq (5) ans en veule à une personne âgée que l'inculpé au point de le citer comme principal auteur de l'acte criminel qu'elle aurait subi ;

Que cette attitude suspecte ne fait qu'augmenter les suspicions sur la culpabilité de la mise en cause et renforcer la conviction que c'est à bon droit que le parquet a articulé l'action judiciaire ayant permis de repréciser les circonstances, les faits de la cause et la loi pénale applicable ;

-Sur la nécessité de prolonger la mesure de détention

Attendu qu'il résulte de l'examen du dossier de l'instruction qu'en date ..., monsieur ... (noms et prénom de l'inculpé), inculpé de viol, a été écroué à la maison d'arrêt par mandat du juge d'instruction, et il s'est opposé une mise en liberté provisoire par l'ordonnance du ... (date) ;

Qu'à ce jour, il ressort du dossier qu'il a formulé une demande de mise en liberté, recevable en la forme ;

Que quant au fond, constatant que cette détention tend à franchir le délai de quatre (4) mois prévu par la loi au moment où se tiennent les assises criminelles, il échet de requérir la prolongation de la détention sur le fondement des dispositions de l'article 121, alinéas 1er et 3e, du code de procédure pénale qui dispose : « Dans les cas autres que ceux prévus à l'article précédent, la détention préventive ne peut excéder quatre mois » (alinéa 1er) ;

« Aucune prolongation ne peut être prescrite pour une durée de plus de deux mois » (alinéa 3e) ;

Qu'ainsi, il échet de requérir la prolongation de la détention de l'inculpé ... (noms et prénom de l'inculpé), et par conséquent son maintien en détention pour garantir sa représentation devant la Cour criminelle pour la session en cours ;

Que cette mesure se justifie par le fait que l'inculpé susnommé avait déjà tenté de se soustraire aux officiers de police judiciaire lors de l'enquête, alors, l'élargir exposerait la justice à la même difficulté ;

Qu'ainsi, la demande de mise en liberté formulée ne peut aboutir ;

-Sur la transmission :

Attendu qu'il résulte de l'information charges suffisantes contre :

… (noms et prénom de l'inculpé), d'avoir à … (nom de la ville), courant … (date), en tout cas depuis temps tel que les faits ne sont pas couverts par la prescription de l'action publique, commis le crime d'attentat à la pudeur sur la personne de … (noms et prénom de l'enfant), mineure de cinq (5) ans ;

Faits prévus et punis par l'article 332, alinéa 2, du Code pénal ;

Par ces motifs :

En application des dispositions des articles 121-3e et 167 du Code de procédure pénale ;

Requiert qu'il plaise à monsieur le juge d'instruction constater par ordonnance que le crime de viol initialement reproché à l'inculpé … (noms et prénom de ce dernier), s'analyse en fait en crime d'attentat à la pudeur commis sur la personne de … (noms et prénom de l'enfant), mineure de cinq (5) ans, et ordonner requalification en ce sens ; recevoir la demande de mise en liberté provisoire ;

L'en dire mal fondée et la rejeter, pour rattraper la session criminelle en cours et éviter toute tentative de seconde soustraction à la justice ;

En conséquence :

Ordonner la prolongation de sa détention pour une durée de deux (2) mois à compter de la date de son ordonnance ;

Ordonner, en outre, la transmission à monsieur le procureur général près la cour d'Appel de … (nom de la ville), un état de pièces de cette procédure servant à conviction, pour qu'il soit statué par lui de ce qu'il appartiendra sur la saisine de la chambre d'accusation.

Fait au parquet, le … (date)
Le Procureur de la République

Réquisitoire n° 18 (Transmission des pièces au Procureur général près la Cour d'appel)

COUR D'APPEL DE… (NOM DE LA VILLE)
TRIBUNAL DE GRANDE INSTANCE
DE… (NOM DE LA VILLE)
PARQUET DE LA REPUBLIQUE
N °DU PARQUET …………………………... /
N° D'INSTRUCTION………...…………….. /

RÉPUBLIQUE DU CONGO
Unité*Travail*Progrès

REQUISITOIRE DE TRANSMISSION DES PIECES AU PROCUREUR GENERAL PRES LA COUR D'APPEL DE … (NOM DE LA VILLE)

Le Procureur de la République près le Tribunal de Grande Instance de … (Nom de la ville) ;

Vu le dossier de la procédure suivie contre le nommé … (noms et prénom de l'inculpé, nationalité, date et lieu de naissance, filiation, profession, situation matrimoniale, domicile, etc.) ;

Inculpé de meurtre ;

Détenu suivant mandat de dépôt de monsieur le doyen des juges d'instruction en date du … ;

Partie civile : … (noms et prénom, nationalité, date et lieu de naissance, filiation, profession, situation matrimoniale, etc.) ;

Vu l'ordonnance de soit-communiqué de monsieur le doyen des juges d'instruction en date du … aux fins des réquisitions de règlement définitif ;

Attendu que l'information a établi les faits suivants :

Le … (date), … (noms et prénom de l'inculpé) s'étant rendu au domicile de son oncle … (noms et prénom de ce dernier) situé au n° … de la rue …, emportant trois (3) pantalons et une (1) marnière sans le consentement de ce dernier qui en était propriétaire et qui se trouvait en séjour au village … (nom du village);

De retour à … (nom de la ville), et informé de ce que son neveu … (noms et prénom de l'inculpé) était parti avec ses habits au village … où il est domicilié avec son père, il décidait de l'y suivre ;

Y étant le … (date) vers 9 heures,… (noms et prénom de la victime) y trouvait son beau-frère qui l'avait reçu et avec qui il entamait une conversation, alors que … (noms et prénom de l'inculpé) les suivait de la maison où il se trouvait ;

Ayant constaté la présence de son oncle, … (noms et prénom de l'inculpé) se saisissait d'une arme de fabrication qui se trouvait au cœur de la maison, il la chargeait d'une cartouche et sortait de la maison toujours muni de son arme qu'il pointait sur son oncle en appuyant sur la détente, c'est ainsi qu'il avait atteint du côté gauche du thorax juste au niveau du cœur, son oncle … (noms et prénom de la victime) qui s'écroulait aussitôt et trouvait la mort quelques instants après ;

Qu'interrogé par le magistrat instructeur, ... (noms et prénom de l'inculpé) reconnaissait tous les faits à lui reprochés ;

Que toutefois, il tentait de se justifier que c'est parce que son oncle commençait à raconter à son père en vociférant qu'il avait décidé et agi comme il a fait ;

Attendu que ces faits tels qu'établis et reconnus avec clarté par l'inculpé contribuent à retenir …(noms et prénom de l'inculpé) dans les liens de la prévention ;

Renseignements

Aucun élément au dossier ne permet de retenir contre … (noms et prénom de l'inculpé), un quelconque antécédent judiciaire ;

Transmission des pièces au procureur général

Attendu qu'il résulte de l'information charges suffisantes contre … (noms et prénom de l'inculpé) d'avoir au village … (nom du village), circonscription judiciaire du Tribunal de grande instance de … (nom de la ville), le … (date) en tout cas depuis temps tel que les faits ne sont pas couverts par la prescription de l'action publique commis un meurtre sur la personne de … (noms et prénom de la victime);

Faits prévus et punis par les articles 295 et 304 du Code pénal ;

Vu l'article 167 du Code de procédure pénale requiert qu'il plaise à monsieur le doyen des juges d'instruction ordonner que le dossier de la procédure et un état de pièces servant à conviction soient transmis au procureur général pour être procédé conformément à la loi.

Fait au parquet, le … (date)

Le Procureur de la République

Réquisitoire n° 19 (Transmission des pièces au parquet général)

COUR D'APPEL DE… (NOM DE LA VILLE) TRIBUNAL DE GRANDE INSTANCE DE… (NOM DE LA VILLE) PARQUET DE LA REPUBLIQUE N °DU PARQUET …………………………/ N° D'INSTRUCTION…………………………/	RÉPUBLIQUE DU CONGO Unité*Travail*Progrès -------------

RÉQUISITOIRE AUX FINS DE TRANSMISSION DES PIÈCES AU PARQUET GÉNÉRAL

Le Procureur de la République près le Tribunal de grande instance de ... (nom de la ville) ;

Vu le dossier de la procédure suivie contre … (noms et prénom de l'inculpée, nationalité, date et lieu de naissance, filiation, profession, situation matrimoniale, etc.) ;

Inculpé de coups et blessures volontaires ;

Libre (mise en liberté provisoire) ;

Partie civile : … (noms et prénom de la victime, nationalité, date et lieu de naissance, filiation, profession, situation matrimoniale, etc.) ;

Vu notre réquisitoire introductif en date du … ;

Vu l'ordonnance de soit-communiqué de monsieur le Juge d'instruction en date du … aux fins de nos réquisitions sur le règlement définitif ;

Attendu que l'information a établi les faits suivants :

… (noms et prénom de l'inculpée) et … (noms et prénom de la partie civile) sont des voisines qui ont des antécédents à cause des enfants de sorte que les deux ne s'entendent pas du tout, le … (date), … (noms et prénom de l'inculpée) lui proférait des invectives du genre « grosse femme » en matinée.

Alors le mari de celle-ci allait s'adresser au mari de … (noms et prénom de la partie civile) à ce propos puis faisait venir son épouse après. Se trouvant au domicile de … (noms et prénom de la partie civile), interrogée à ce propos, celle-ci refaisait les faits d'invectives et de provocations qui lui étaient reprochés. Puis s'en est suivie une altercation entre les deux dames à la suite de laquelle elles en sont venues aux mains et que … (noms et prénom de l'inculpée) a mordu l'oreille gauche de la victime lui arrachant le pavillon et le lobe entraînant pour elle une incapacité temporaire de travail de 30 jours.

Discussion

Attendu que l'article 309 du Code pénal prévoit et punit quiconque aura volontairement fait des blessures ou porté des coups qui auront occasionné une incapacité de travail personnel pendant plus de vingt (20) jours ;

Qu'il punit plus sévèrement à son alinéa 3 son auteur quand ces blessures ou ces coups auront été suivis de mutilations, ou privation d'un membre, cécité, perte d'un œil, ou autres infirmités permanentes ;

Attendu qu'en l'espèce … (noms et prénom de l'inculpée) reconnaît sans ambages avoir mordu … (noms et prénom de la victime) et avoir arraché à cette occasion le pavillon et le lobe de cette oreille gauche même si elle ajoute que c'est une réponse à une attaque de sa victime ;

Attendu que la mutilation s'entend de la déclaration, du retranchement d'une partie d'un membre ou d'un organe ;

Qu'en l'espèce, il s'agit d'un retranchement d'une partie d'un organe : celui de l'ouïe qui se traduit par une infirmité permanente ;

Que ces faits font bien partie des cas prévus et punis par l'article 309 alinéa 3 du Code pénal ;

Que l'infraction des coups et blessures volontaires prévue et punie par l'article 309 alinéa 3 est constituée ;

Renseignements :

Aucun antécédent judiciaire connu ;

Réquisitoire aux fins de transmission des pièces au parquet général :

Attendu qu'il résulte de l'information charges suffisantes contre … (noms et prénom de l'inculpée) d'avoir à … (nom de la ville), le … (date), en tout cas depuis temps tel que les faits ne sont pas prescrits, porté des coups et fait des blessures sur la nommée … (noms et prénom de la partie civile), avec la circonstance qu'il en est résulté pour la victime l'amputation du pavillon et du lobe de son oreille gauche ;

Faits prévus et punis par l'article 309 alinéa 3 du Code pénal ;

Vu l'article 167 du code de procédure pénale ;

Requiert qu'il plaise à monsieur le juge d'instruction déclarer suffisamment établie contre … (noms et prénom de l'inculpée) l'inculpation des faits ci-dessus spécifiés et ordonner en conséquence que le dossier de la procédure et un état des pièces à conviction soient transmis à monsieur le procureur général près la Cour d'Appel de … (nom de la ville) pour être, par ce magistrat et par la chambre d'accusation , statué comme il appartiendra ;

Fait au parquet, le … (date)

Le Procureur de la République

Réquisitoire 20 (Transmission des pièces au Procureur général près la Cour d'appel)

<u>COUR D'APPEL DE… (NOM DE LA VILLE)</u>
<u>TRIBUNAL DE GRANDE INSTANCE</u>
<u>DE… (NOM DE LA VILLE)</u>
<u>PARQUET DE LA REPUBLIQUE</u>
N °DU PARQUET …………………………... /
N° D'INSTRUCTION……………………….. /

RÉPUBLIQUE DU CONGO
Unité*Travail*Progrès

<u>RÉQUISITOIRE DÉFINITIF DE TRANSMISSION DES PIÈCES A MADAME LE PROCUREUR GÉNÉRAL PRÈS LA COUR D'APPEL DE… (NOM DE LA VILLE)</u>

Le Procureur de la République près le Tribunal de grande instance de … (nom de la ville) ;

Vu le dossier de la procédure suivie contre :

… (noms et prénom de l'inculpé, nationalité, date et lieu de naissance, filiation, profession, situation matrimoniale, etc.) ;

Inculpé d'attentat à la pudeur et de coups et blessures volontaires ;

<u>Partie civile</u> : … (noms et prénom de l'inculpé, nationalité, date et lieu de naissance, filiation, profession, situation matrimoniale, etc.) ;

Vu notre réquisitoire introductif en date du … ;

Vu l'ordonnance de soit-communiqué de monsieur le juge d'instruction en date du … aux fins de réquisitions du parquet de la République sur ce règlement définitif ;

Attendu que l'information a établi les faits suivants :

Le … (date), la nommée … (noms et prénom de la victime), fillette âgée de 13 ans, alors qu'elle était en train de jouer dans la parcelle où habite … (noms et prénom de l'inculpé), était appelée par le susnommé qui la conduisait derrière sa maison, et se mettait à la déshabiller et la couchait par terre, tout en lui faisant la promesse de lui donner de l'argent ;

… (noms et prénom de l'inculpé) au même moment se déshabillait à son tour, et se mettait aussitôt à chatouiller du doigt le sexe de la petite … (noms et prénom de la victime);

S'étant rendu compte que les parents de la fillette étaient en train de venir et pour éviter d'être surpris avec elle la soulevait et la laissait choir de l'autre côté du mur mitoyen, dans la parcelle voisine où dans sa chute, elle se blessait au pied avec un tesson de bouteille ;

Comparaissant devant le magistrat instructeur, … (noms et prénom de l'inculpé) inculpé d'attentat à la pudeur et de coups et blessures volontaires reconnaissait les faits sans aucune difficulté ;

Discussion

En procédant aux attouchements ci-dessus décrits, dans le but de satisfaire ses pulsions … (noms et prénom de l'inculpé) a commis le délit d'attentat à la pudeur prévu et puni par les dispositions de l'article 331 al 1er du Code pénal ;

Que surabondamment, en faisant tomber de l'autre côté du mur la mineure … (noms et prénom de cette dernière) aux fins d'éviter de se faire surprendre en compagnie de la susnommée par ses parents, action au cours de laquelle

elle sera blessée au pied, … a commis également le délit de coups et blessures volontaires prévu et réprimé par l'article 309 du Code pénal ;

Par conséquent, il échet de le retenir dans les liens de la prévention de ces chefs ;

Renseignements

Aucun élément du dossier ne permet d'établir que l'inculpé présente des antécédents judiciaires ;

Réquisitoire aux fins de transmission des pièces au procureur général

Attendu qu'il résulte de l'information charges suffisantes contre … (noms et prénom de l'inculpé), d'avoir à …, le … (date), en tout cas depuis temps tel que faits ne sont pas prescrits :

1- Commis un attentat à la pudeur sur une mineure âgée de moins de 13 ans ;

2- Dans les mêmes circonstances de temps et de lieu volontairement porté des coups et blessures sur la mineure … (noms et prénom de cette dernière) ;

Faits prévus et punis par les articles 331 al. 1er et 309 du Code pénal ;

Vu l'article 167 du code de procédure pénale ;

Requiert qu'il plaise à monsieur le Juge d'instruction ordonner que le dossier de la procédure et un état des pièces à conviction soient transmis à madame le procureur général pour être procédé conformément à la loi.

Fait au parquet, le … (date)

Le Procureur de la République

Réquisitoire 21 (Transmission des pièces au procureur général près la Cour d'appel)

COUR D'APPEL DE… (NOM DE LA VILLE)
TRIBUNAL DE GRANDE INSTANCE
DE… (NOM DE LA VILLE)
PARQUET DE LA REPUBLIQUE
N °DU PARQUET …………………………... /
N° D'INSTRUCTION……….……………….. /

RÉPUBLIQUE DU CONGO
Unité*Travail*Progrès

RÉQUISITOIRE DÉFINITIF DE TRANSMISSION DES PIÈCES A MADAME LE PROCUREUR GÉNÉRAL PRÈS LA COUR D'APPEL DE … (NOM DE LA VILLE)

Le procureur de la République près le Tribunal de Grande Instance de … (nom de la ville) ;

Vu le dossier de la procédure suivie contre … (noms et prénoms des inculpés, nationalité, date et lieu de naissance, filiation, situation matrimoniale, profession, domicile, etc.) ;

Inculpés des chefs d'association de malfaiteurs et de vol qualifié ;

Détenus suivant mandats de dépôt du … (date) ;

Partie civile : … (noms et prénom, nationalité, date et lieu de naissance, filiation, situation matrimoniale, profession, domicile, etc.) ;

Vu notre réquisitoire introductif en date du … ;

Vu l'ordonnance de soit-communiqué de monsieur le juge d'instruction en date du … aux fins des réquisitions sur le règlement définitif ;

Le 14 mai … (année) autour de 5 heures 30 minutes du matin, après avoir passé une nuit ensemble … (noms et prénom de l'inculpé numéro 1) et … (noms et prénom de l'inculpé numéro 2) munis d'une machette chacun et d'une chaîne de vélo, se sont postés sur la rue … (nom de la rue) où ils ont intercepté, à son passage, le nommé … (noms et prénom de la victime) avant de lui ravir son sachet qui contenait divers effets vestimentaires à savoir un complet de survêtement, une paire de sandales, deux chemises et un pantalon Jeans ;

Après lui avoir fouillé les poches, n'y ayant pas trouvé de l'argent, ils lui avaient ravi sa montre-bracelet et lui demandaient de partir en courant sans résister, ni regarder derrière, faute de quoi ils le tueraient ;

Devant le magistrat instructeur, le nommé … (noms et prénom de l'inculpé numéro 1) a sans ambages reconnu les faits bien qu'ayant soutenu qu'il tenait une chaîne de vélo tandis que … (noms et prénom de l'inculpé numéro 2) tenait une machette.

Discussion

Attendu qu'il est établi que dans la nuit du 13 au 14 mai … (année), … (noms et prénom de l'inculpé numéro 1) et … (noms et prénom de l'inculpé numéro 2) se sont organisés en gangs munis d'une machette et d'une chaîne de vélo pour rançonner les paisibles citoyens ;

Que ce comportement constitue l'infraction d'association de malfaiteurs prévue et punie par les articles 265, 266 et 268 du Code pénal ;

Que le 14 mai … (année) vers 5 heures 30 minutes du matin, s'étant postés sur la rue … (nom de la rue), les nommés … (noms et prénom de l'inculpé numéro 1) et … (noms et prénom de l'inculpé numéro 2) toujours munis de leurs machettes et chaîne de vélo, ont ravi à … (noms et prénom de la victime) un sachet destiné à son père contenant un complet de survêtement, une paire de sandales, deux (02) chemises, un pantalon et une montre-bracelet ;

Qu'il y a lieu de relever qu'ils ont soustrait le sachet et la montre contre le gré de … (noms et prénom de la partie civile) qui en était respectivement légitime détenteur et propriétaire en le violentant et ce, sur la voie publique, commettant ainsi le crime de vol qualifié prévu et puni par les articles 381 et 383 du Code pénal ;

Par conséquent, il convient de les retenir dans les liens de la prévention de ces chefs ;

Renseignements

Aucun élément du dossier ne permet d'établir que les inculpés présentent des antécédents judiciaires ;

Cependant … (noms et prénom de l'inculpé numéro 1) reconnaît avoir été interpellé plusieurs fois par la police pour des faits similaires, mais n'a Jamais été déféré devant le Procureur de la République avant la présente procédure ;

… (noms et prénom de l'inculpé numéro 2) recherché par la police n'a pas été appréhendé ;

Réquisitoire aux fins de transmission des pièces au parquet général

Attendu qu'il résulte de l'information charges suffisantes contre … (noms et prénom de l'inculpé numéro 1) et autres :

1- De s'être à … (lieu) le 14 mai … (année) sciemment affilié à une association de malfaiteurs dans le but de préparer ou commettre les crimes contre les personnes ou les biens ;

2- D'avoir dans les mêmes circonstances de temps et de lieu, de concert avec … (noms et prénom de l'inculpé numéro 2), frauduleusement soustrait divers effets vestimentaires notamment un ensemble, deux chemises, un pantalon Jeans et une montre-bracelet au préjudice de … (noms et prénom de la partie civile) qui en était légitime détenteur et propriétaire, avec cette circonstance que ledit vol a été commis sur la voie publique;

Faits prévus et punis par les articles 265, 266, 268,381 et 383 du Code pénal ;

Vu l'article 167 du code de procédure pénale;

Requiert qu'il plaise à monsieur le juge d'instruction de bien vouloir ordonner que le dossier de la procédure et un état de pièces à conviction soient transmis au procureur général pour être procédé conformément à la loi.

Fait au parquet, le … (date)

Le Procureur de la République

Réquisitoire n° 22 (Transmission des pièces au Procureur général près la cour d'appel)

COUR D'APPEL DE… (NOM DE LA VILLE)
TRIBUNAL DE GRANDE INSTANCE
DE… (NOM DE LA VILLE)
PARQUET DE LA REPUBLIQUE
N °DU PARQUET ………………………… /
N° D'INSTRUCTION………..…………….. /

RÉPUBLIQUE DU CONGO
Unité*Travail*Progrès

REQUISITOIRE AUX FINS DE TRANSMISSION DES PIECES A MADAME LE PROCUREUR GENERAL PRES LA COUR D'APPEL DE … (NOM DE LA VILLE)

Le Procureur de la République près le Tribunal de grande instance de … (nom de la ville) ;

Vu la procédure suivie contre … (noms et prénom de l'inculpé, nationalité, date et lieu de naissance, filiation, profession, situation matrimoniale, adresse, etc.) ;

Inculpé de viol ;

Libre ;

Partie civile : … (Nom, prénom, nationalité, date et lieu de naissance, filiation, profession, situation matrimoniale, adresse, etc.) ;

Vu le réquisitoire introductif de monsieur le Procureur de la République en date du … ;

Vu l'ordonnance de soit-communiqué en date du …, sollicitant les réquisitions du Procureur de la République sur le règlement définitif ;

Sur les faits de la cause :

Dans la nuit du … (date), Mademoiselle … (noms et prénom de la partie civile) revenait d'une clinique médicale où était interné son enfant, alors qu'elle se rendait à son domicile en vue de récupérer certaines affaires importantes pour l'hospitalisation de l'enfant, vers 24 heures au moment où elle marchait en direction de leur domicile et dans une zone obscure, elle était surprise par quelqu'un qui l'avait saisie par-derrière au niveau du cou ; celui-ci l'avait conduite dans un bas-fond et arrivés à hauteur du plateau électrique, il demandait à sa victime de descendre son pantalon et lui imposait des rapports sexuels en introduisant son pénis dans sa cavité vaginale, et ce, contre gré de … (noms et prénom de la victime), jusqu'à atteindre son objectif malgré les multiples cris lancés par la victime ; après l'acte, ce dernier embrassait la victime en introduisant sa langue dans la bouche de … (noms et prénom de la victime) ; prise de honte et colère, … (noms et prénom de la victime) rattrapait la langue de ce dernier dans sa bouche et à l'aide de ses dents, elle sectionnait un morceau de la langue de son bourreau ; ce dernier lâchait la victime et s'en alla avec une langue sectionnée ;

Discussion :

Attendu qu'aux termes de l'article 332 du Code pénal, se rend coupable du crime de viol, quiconque aura pénétré sexuellement, une femme sans son consentement ;

Que tombe sous le coup de cette disposition, l'individu qui entreprend des relations sexuelles complètes avec une femme sans obtenir au préalable son accord ;

Que ce crime suppose la pénétration du membre viril de l'homme dans la cavité vaginale de la femme par surprise, contrainte, menaces ou violence ;

Attendu que ce crime suppose encore l'accomplissement d'un acte matériel de nature à introduire son pénis dans le vagin d'une femme contre son gré ;

Qu'en l'espèce, il ressort des procès-verbaux de police que … (noms et prénom de l'inculpé) est poursuivi pour le crime de viol commis sur la personne de … (noms et prénom de la victime) ;

Qu'il est constant que … (noms et prénom de l'inculpé) avait pris de force … (noms et prénom de la victime) pour la conduire dans une zone obscure afin de consommer les rapports sexuels avec cette dernière ;

Que d'une part, l'inculpé n'a pas comparu devant le magistrat instructeur, puisqu'il a été relâché au niveau du commissariat ;

Qu'un mandat d'arrêt du juge d'instruction a été décerné contre lui en date du … ;

Que les recherches sont demeurées infructueuses et un procès-verbal a été versé au dossier ;

Qu'un procès-verbal de non-comparution a été versé au dossier en date du … ;

Qu'en droit positif congolais, un mandat d'arrêt vaut inculpation ;

Attendu d'autre part, que la victime depuis son audition au commissariat n'a non plus comparu devant le juge d'instruction ;

Que cette attitude n'a su que freiner la procédure judiciaire ;

Que selon les déclarations de la victime au commissariat, elle a été victime du viol et qu'elle avait sectionné une partie de la langue du violeur ;

Que cette partie de la langue était déposée au commissariat comme scellé ;

Qu'il est évident que la victime n'avait pas consenti à faire des rapports sexuels avec lui ;

Qu'en droit, les faits de la cause constituent le crime de viol réprimé par les dispositions de l'article 332 du Code pénal ;

Que dès lors qu'il ne pouvait pas ignorer les conséquences matérielles de son acte, … (noms et prénom de l'inculpé), s'est rendu coupable du crime de viol sur la personne de … (noms et prénom de la partie civile) ;

Qu'en cela, il convient de le retenir dans les liens de la prévention de ce crime ;

Qu'il y a lieu de suivre contre … (noms et prénom de l'inculpé) de ce chef ;

Renseignements

Néant;

Réquisitoire aux fins de transmission de pièces

Attendu qu'il résulte de l'information judiciaire charges suffisantes contre … (noms et prénom de l'inculpé), d'avoir à … (nom de ville), le … (date), en tout cas depuis temps tel que les faits ne sont pas couverts par la prescription de l'action publique, commis le crime de viol sur la personne de … (noms et prénom de la victime) ;

Crime prévu et puni par l'article 332 du Code pénal ;

Vu l'article 167 du code de procédure pénale ;

Déclarons suffisamment établis les faits de la prévention du crime de viol sur … (noms et prénom de la victime) contre … (noms et prénom du violeur) ;

En conséquence

Ordonnons que les pièces du dossier servant à conviction soient transmises à madame le procureur général près la cour d'Appel de … (nom de la ville) pour qu'il soit statué par elle ce qu'il appartiendra sur la saisine de la chambre d'accusation.

Fait au parquet, le …. (date)

Le Procureur de la République

Réquisitoire n° 23 (non-lieu partiel et de transmission de pièces au procureur général près la Cour d'appel)

COUR D'APPEL DE… (NOM DE LA VILLE)
TRIBUNAL DE GRANDE INSTANCE
DE… (NOM DE LA VILLE)
PARQUET DE LA REPUBLIQUE
N °DU PARQUET …………………………... /
N° D'INSTRUCTION………...…………….. /

RÉPUBLIQUE DU CONGO
Unité*Travail*Progrès

RÉQUISITOIRE AUX FINS DE NON-LIEU PARTIEL ET DE TRANSMISSION DE PIÈCES A MONSIEUR LE PROCUREUR GÉNÉRAL PRÈS LA COUR D'APPEL DE … (NOM DE LA VILLE).

Le Procureur de la République près le Tribunal de grande instance de … (nom de la ville) ;

Vu la procédure suivie contre les nommés :

1) … (noms et prénom de l'inculpé, nationalité, date et lieu de naissance, filiation, profession, situation matrimoniale, adresse, etc.) ;

Non comparu ;

Inculpé de faux et usage de faux en écriture privée ;

2) … (noms et prénom, nationalité, date et lieu de naissance, filiation, profession, situation matrimoniale, adresse, etc.) ;

Inculpé de faux et usage de faux en écriture privée ;

Non détenu ;

3) … (noms et prénom, nationalité, date et lieu de naissance, filiation, profession, situation matrimoniale, adresse, etc.) ;

Inculpé de faux et usage de faux en écriture privée ;

Non détenu ;

4) … (noms et prénom, nationalité, date et lieu de naissance, filiation, profession, situation matrimoniale, adresse, etc.) ;

Inculpé de faux et usage de faux en écriture privée et de destruction ;

Non détenu ;

Faits prévus et punis par les articles 150, 151 et 437 du Code pénal ;

Parties civiles : … (Noms et prénoms des parties civiles) ;

Vu le réquisitoire introductif de monsieur le Procureur de la République en date du … ;

Vu l'ordonnance de soit-communiqué en date du …, sollicitant les réquisitions du Procureur de la République sur le règlement définitif ;

Sur les faits de la cause :

Courant année …, le nommé … (noms et prénom de l'inculpé n°1), frère cadet du défunt … (noms et prénom du défunt), profitant de son décès, falsifie les papiers de la parcelle n°27 section K située à 7-7 et il a vendu ladite parcelle au sieur … (noms et prénom de l'acheteur), qui lors de la vente a été représenté par sa mère dame … (noms et prénom de cette dernière). Ladite parcelle vendue à l'aide de faux documents telle la prétendue décharge signée par leur grand frère aîné au moment où ce dernier souffre des troubles mentaux, alors que les plaignants détiennent les originaux des permis d'occuper des biens immeubles laissés par leur défunt père mort assassiné et qu'ils conviennent à dire qu'ils n'ont jamais pris part à un quelconque conseil de famille et n'ont autorisé aucune vente de leurs biens ; puis après ladite vente, la maison bâtie en matériaux durables dans la parcelle, a été détruite par le nouvel acquéreur ... (noms et prénom de l'acheteur), par l'intermédiaire de sa mère dame ... (noms et prénom de cette dernière) ;

Discussion

I-Sur le crime de faux et usage de faux en écriture privée reproché aux inculpés : ... (noms et prénoms des inculpés).

A-Sur la responsabilité pénale de ... (noms et prénom de l'inculpé n°1) :

Attendu qu'aux termes des dispositions des articles 150 et 151 du code pénal, se rend coupable du crime de faux et usage de faux en écriture privée, tout individu qui aura, de l'une des manières exprimées en l'article 147, commis un faux en écriture privée, sera puni de ladite peine;

Que pour être constitué, ce crime nécessite la réunion de certains éléments à savoir, la notion d'écrit, l'altération de la vérité par un procédé spécifié, le préjudice à autrui et l'intention frauduleuse;

Qu'en ce qui concerne le faux en écriture ou faux documents, il est essentiellement commis pour permettre ou faciliter une atteinte au patrimoine de la victime ;

Attendu qu'en l'espèce ... (noms et prénom de l'inculpé n°1), frère cadet de feu ... (noms et prénom du défunt) après le décès de son frère, s'est procuré des faux documents pour vendre la parcelle laissée par le défunt à ses enfants ;

Qu'il ressort des pièces du dossier que ce dernier n'a pas déféré aux convocations du juge d'instruction et n'a pas comparu ;

Que deux procès-verbaux de non-comparution dressés en date du … et du … ont été versés au dossier ;

Que deux mandats d'arrêt ont été décernés à son encontre, notamment en date du … et … et sont demeurés inexécutés et deux procès-verbaux de recherches infructueuses ont été versés au dossier ;

Qu'en droit positif congolais, le mandat d'arrêt vaut inculpation ;

Que l'inculpé … (noms et prénom de l'inculpé n°1) ait fait usage d'une fausse pièce pour vendre ladite parcelle ;

Que l'utilisation de cette pièce consiste à altérer la vérité ;

Que cette pièce doit en outre avoir un caractère probatoire ;

Que l'usage de faux suppose encore l'intention coupable, notamment l'utilisation volontaire d'un écrit en ayant connaissance de sa fausseté ;

Qu'en l'espèce, les enfants de feu … (noms et prénom du défunt) arguent n'avoir donné leur consentement à aucune vente ;

Qu'ils détiennent par dévers eux les originaux des pièces de ladite parcelle de terrain vendu par l'inculpé … (noms et prénom de l'inculpé n°1) ;

Que dans ces conditions, la vente entre … (noms et prénoms du vendeur) et … (noms et prénom de l'acheteur) a été passée et basée sur les fausses pièces ;

Qu'en agissant ainsi, … (noms et prénom de l'inculpé n°1) connaissait l'existence des faits délictueux ;

Que dès lors qu'il n'ignorait pas que les pièces à lui fournies pendant la vente de la parcelle étaient fausses, il s'est rendu coupable du crime de faux en écriture privée ;

Qu'en cela le crime de faux et usage de faux en écriture privée est retenu à l'encontre de … (noms et prénom de l'inculpé n°1) ;

Qu'il y a lieu à poursuivre contre lui de ce chef ;

<u>B-Sur la responsabilité pénale des inculpés …</u> (noms et prénoms des inculpés 2, 3 et 4)

Attendu que pour être constitué, le crime de faux en écriture privée nécessite l'existence d'un écrit authentique dont les criminels s'inspirent pour falsifier ou fabriquer un faux ;

Qu'ils aient connaissance de l'existence des fausses pièces ;

Qu'en ce qui concerne … (noms et prénoms des inculpés 2,3 et 4), ils ne se sont pas servis du faux permis d'occupé ou faux document pour vendre la parcelle d'autrui ;

Qu'il ressort clairement des pièces du dossier que les inculpés… (noms et prénoms de ces derniers) n'avaient pas connaissance de la fausseté des pièces qui ont permis à … (noms et prénom de l'inculpé n°1) de vendre la parcelle d'autrui ;

Que seul … (noms et prénom de l'inculpé n°1) avait connaissance de l'existence de ce faux permis d'occuper ;

Que d'ailleurs ces derniers n'étaient pas associés à la vente opérée par l'inculpé … (noms et prénom de ce dernier) ;

Qu'il ressort des pièces du dossier qu'il n'y a aucune participation des inculpés à ladite vente ;

Que dame … (noms et prénom de l'inculpé n°4), lors de l'achat de ladite parcelle, n'avait pas connaissance de l'existence des pièces fausses qui lui ont été fournies par … (noms et prénom de l'inculpé n°1) ;

Qu'eu égard à ces considérations, il est clair que le crime de faux et usage de faux en écriture privée, n'est pas constitué à l'encontre des inculpés … (noms et prénoms des inculpés 2,3 et 4) ;

Qu'il n'y a lieu à poursuivre contre eux de ce chef.

II-Sur les faits de destruction des biens immobiliers reprochés à dame … (noms et prénom de l'inculpé n°4) :

Attendu qu'aux termes de l'article 437 du Code pénal, « quiconque, volontairement, aura détruit ou renversé par quelque moyen que ce soit, en tout ou en partie, des édifices, des ponts, digues ou chaussées ou autres constructions qu'il savait appartenir à autrui, ou causé l'explosion d'une machine à vapeur … » ;

Que cette infraction suppose un élément matériel, qui est le fait de détruire le bien immobilier appartenant à autrui et un élément moral, qui est l'intention coupable ou la volonté d'agir en connaissance de cause ;

Qu'en l'espèce, dame … (noms et prénom de l'inculpé n°4) a détruit les constructions appartenant à autrui, puisqu'elle savait que la parcelle vendue par l'inculpé … (noms et prénom de l'inculpé n°1) faisait l'objet d'un contentieux lorsqu'elle l'avait achetée ;

Que les maisons détruites par elle, étaient construites en matériaux durables et que les enfants … (noms du défunt) avaient déjà contesté la vente effectuée par … (noms et prénom de l'inculpé n°1) ;

Que cette contestation était pendante devant le président du tribunal d'instance de … (nom de l'arrondissement);

Que malgré la poursuite de l'instruction devant cette juridiction, dame … (noms et prénom de cette dernière), a de même procédé à la destruction des maisons érigées dans ladite parcelle ;

Que cette façon d'agir, par elle, a porté un grave préjudice aux enfants … (noms et prénom du défunt), puisque c'est de cette parcelle que revenait le gain de leur pain quotidien ;

Que cette dernière a agi volontairement avec l'intention de nuire à la vie des enfants de… (noms et prénom du défunt) ;

Qu'interrogé sur ces faits, elle a déclaré qu'elle a agi légalement puisqu'elle était devenue propriétaire de ladite parcelle, quand bien même les enfants du défunt ont contesté ladite vente ;

Que les éléments de cette destruction sont réunis ;

Qu'en agissant ainsi dame … (noms et prénom de cette dernière), s'est rendue coupable des faits mis à sa charge ;

Qu'en cela, il échet de la retenir dans les liens de la prévention de ce chef ;

Non-lieu partiel

Attendu qu'il ne résulte pas de l'information de charges suffisances contre les nommés … (noms et prénoms des inculpés 2, 3 et 4), d'avoir à …(nom de la ville), courant … (année), en tout cas depuis temps tel que les faits ne sont pas couverts par la prescription de l'action publique, commis le crime de faux en écriture privée et dans les mêmes circonstances de temps et de lieu fait usage de cette fausse pièce ;

Faits prévus et punis par les articles 147, 150 et 151 du Code pénal ;

Vu l'article 163 du code de procédure pénale ;

Qu'il n'y a lieu à suivre contre les nommés … (noms et prénoms des inculpés 2, 3 et 4) de ce chef.

Renseignements

Néant ;

Réquisitions de transmission de pièces :

Attendu qu'il résulte de l'information judiciaire charges suffisantes contre :

1) … (noms et prénom de l'inculpé n°1) d'avoir à … (nom de la ville), courant … (année), en tout cas depuis temps tel que les faits ne sont pas couverts par la prescription de l'action publique, commis le crime de faux en écriture privée et dans les mêmes circonstances fait usage des faux papiers pour vendre la parcelle appartenant à autrui ;

Faits prévus et punis par les articles 147, 150 et 151 du code pénal ;

2) … (noms et prénom de l'inculpé n°4), d'avoir à … (nom de la ville), courant … (année), en tout cas depuis temps tel que les faits ne sont pas couverts

par la prescription de l'action publique, volontairement détruit en totalité des constructions qu'elle savait appartenir à autrui ;

Faits prévus et punis par l'article 437 du Code pénal ;

Vu l'article 167 du code de procédure pénale ;

Déclarons suffisamment établis les faits des préventions de faux en écriture privée à l'encontre de … (noms et prénom de l'inculpé n°1) et destruction de biens immobiliers à l'encontre de ... (noms et prénom de l'inculpé n°4) ;

En conséquence

Ordonnons la transmission de la présente procédure et un état complet de pièces à conviction à monsieur le procureur général près la Cour d'appel de … (nom de la ville) pour qu'il soit statué par lui ce qu'il appartiendra sur la saisine de la chambre d'accusation.

Fait au parquet, le …. (date)

Le procureur de la République

Réquisitoire n° 24 (mise en liberté provisoire, requalification, inculpation et transmission des pièces au Procureur général)

COUR D'APPEL DE… (NOM DE LA VILLE)
TRIBUNAL DE GRANDE INSTANCE
DE… (NOM DE LA VILLE)
PARQUET DE LA REPUBLIQUE
N °DU PARQUET ……………………….... /
N° D'INSTRUCTION………..……………….. /

RÉPUBLIQUE DU CONGO
Unité*Travail*Progrès

REQUISITOIRE AUX FINS DE MISE EN LIBERTE PROVISOIRE, REQUALIFICATION, INCULPATION ET TRANSMISSION DES PIECES A MONSIEUR LE PROCUREUR GENERAL PRES LA COUR D'APPEL DE… (NOM DE LA VILLE)

Le Procureur de la République près le Tribunal de Grande Instance de … (nom de la ville) ;

Vu la procédure suivie contre : … (noms et prénom de l'inculpé, nationalité, date et lieu de naissance, filiation, situation matrimoniale, profession, etc.) ; Inculpé d'assassinat et complicité d'assassinat en application des articles 59, 60, 295, 298 et 302 du code pénal ;

Détenu suivant mandat de dépôt du … (date) ;

Parties civiles :

*… (Noms et prénom de la victime, nationalité, date et lieu de naissance, filiation, situation matrimoniale, profession, etc.) ;

*… (Noms et prénom de la victime, nationalité, date et lieu de naissance, filiation, situation matrimoniale, profession, etc.) ;

Vu notre réquisitoire introductif du … (date) ;

Vu l'ordonnance de soit-communiqué de monsieur le juge d'instruction en date du… relative au règlement définitif et à la mise en liberté de l'inculpé ;

Sur les faits de la cause

Attendu qu'il résulte de l'information que Monsieur… (noms et prénom de la victime) est l'un des nouveaux apprentis mécaniciens qui évoluent dans l'atelier de monsieur … (nom et prénom de l'inculpé), atelier situé au quartier… ;

Qu'en date du …, profitant de l'absence de son maître, … (noms et prénom de la victime) va s'emparer de la moto Djakarta de ce dernier pour aller effectuer ses courses, et ce, malgré l'opposition des autres apprentis qui étaient avec lui dans l'atelier ;

Qu'étant de retour, le maître mécanicien est informé du comportement déplorable de son apprenti et prend aussitôt l'initiative de se mettre sur ses traces ;

Qu'il a donc fait recours à un frère à lui qui est policier, en la personne de … (noms et prénom du policier), d'un copain de son élève, pour l'accompagner au domicile parental de l'apprenti … (noms et prénom de la victime) ;

Qu'y étant, ils ont trouvé sur les lieux la mère de l'apprenti qui a accueilli avec regrets, cette triste nouvelle sur la conduite de son fils à l'égard de son maître, et en retour, elle promet faire de son mieux de retrouver la moto Djakarta pour la lui rendre, puis, ils se sont échangés les numéros de téléphone ;

Que les quelques instants après leur départ, s'est présenté au domicile parental le nommé …, frère cadet de … (noms et prénom de la victime), venu sur instruction de ce dernier lui récupérer les habits et, c'est à cet instant que dame … (noms et prénom de la mère de la victime), leur mère, l'informe de ce que son grand frère est recherché par un groupe de gens dont son maître d'atelier pour vol de sa moto ;

Qu'inquiété par cette information, il va lui révéler l'endroit où … (noms et prénom de la victime) se trouvait à bord de ladite moto, c'est-à-dire à 200 mètres de la parcelle familiale ;

Que revenus sur les lieux, les père et mère accompagnés de…(noms et prénom du frère cadet de la victime) aperçoivent la moto (déplacée d'environ 50 mètres de l'emplacement précédemment vu par ce dernier où avait garé son grand frère) sans la présence de leur fils ;

Que sans inquiétude, ces derniers ont récupéré la moto recherchée et l'ont ramenée à leur domicile, puis ils se sont mis à appeler les numéros du maître mécanicien … (noms et prénom de ce dernier) et de son frère … (noms et prénom de son frère), mais personne ne décrochait aux appels successifs ;

Que la nuit passée, le lendemain le nommé … (nom et prénom du frère du maître mécanicien, policier) est venu récupérer la moto auprès de cette famille et c'est bien après cela que cette dernière sera informée de la découverte d'un cadavre au niveau des rails …, s'étant rapprochée, elle s'est rendue compte qu'elle venait de perdre l'un des leurs ;

Que c'est ainsi qu'ils ont saisi par plainte le Procureur de la République qui a ouvert une information judiciaire ;

Que telle est la trame de ce dossier ;

Renseignements

Attendu qu'il résulte de l'examen du procès-verbal que l'inculpé … (noms et prénom de l'inculpé) n'a pas d'antécédents judiciaires connus ;

-Sur le crime d'assassinat et complicité d'assassinat reproché à l'inculpé… (noms et prénom de l'inculpé), requalification des faits en crime de menaces de mort et inculpation de …(noms et prénom du frère cadet de l'inculpé, policier) .

Attendu qu'il est reproché à monsieur … (noms et prénom de l'inculpé) d'avoir été à l'origine de la mort de … (noms et prénom de la victime) ;

Qu'il a donc été inculpé pour assassinat et complicité d'assassinat, crimes prévus et punis par les articles 59, 60, 295, 298 et 302 du Code pénal, libellé ainsi qu'il suit :

Article 59 : « Les complices d'un crime ou d'un délit seront punis de la même peine que les auteurs mêmes de ce crime ou de ce délit sauf les cas où la loi en aurait disposé autrement » ;

Article 60 : « Seront punis comme complices d'une action qualifiée crime ou délit, ceux qui, par dons, promesses, menaces, abus d'autorité ou de pouvoir, machinations ou artifices coupables, auront provoqué cette action ou donné des instructions pour la commettre ;

Ceux qui auront procuré des armes, des instruments, ou tout autre moyen qui aura servi à l'action sachant qu'ils devaient y servir ; ceux qui auront avec connaissance, aidé ou assisté l'auteur ou les auteurs de l'action, dans les faits qui l'auront préparée ou facilitée,… » ;

Article 295 : «L'homicide commis volontairement est qualifié meurtre » ;

Article 298 : « Le guet-apens consiste à attendre plus ou moins de temps, dans un ou divers lieux, un individu, soit pour lui donner la mort, soit pour exercer sur lui des actes de violences » ;

Article 302 : « Tout coupable d'assassinat, de parricide, et d'empoisonnement, sera puni de mort, sans préjudice de la disposition particulière contenue en l'article 13, relativement au parricide » ;

Qu'en droit pénal, la complicité d'un crime est tout autant punissable comme étant une infraction à la loi pénale, s'il est suffisamment caractérisé que par aide, menaces, dons ou assistance un agent pénal a apporté son concours nécessaire à l'agent pénal principal dans la commission de son crime ;

Que la complicité du crime d'assassinat qui se caractérise par une préméditation ou un guet-apens suppose que le complice a fourni des renseignements sur la victime et des moyens matériels à l'auteur principal dans la commission de son crime ;

Que selon une vieille jurisprudence encore d'actualité la complicité par aide et assistance ne peut, aux termes de l'article 60 du Code pénal, exister légalement qu'autant que cette aide et cette assistance se sont manifestées dans les faits qui ont préparé, facilité ou consommé [l'infraction], ce qui exclut nécessairement les faits qui se sont produits postérieurement à sa perpétration » (Crim, 6 août 1945, gaz. Pal. 1945. 2. 143) ;

Que selon une autre décision : si la complicité ne peut résulter que d'actes antérieurs ou concomitants au fait principal, la preuve de l'intention frauduleuse peut se déduire de comportements ultérieurs» (crim 4 novembre 1991, Bull. Crim, n°391) ;

Que c'est pour cette seconde décision que la Jurisprudence prend une position parallèle aux faits de l'espèce, où en effet, l'inculpé… (noms et prénom de ce dernier) et le groupe qui l'accompagnait dans la trousse de sa moto Djakarta avaient manifesté une indifférence notable au moment où les parents du défunt tentaient en vain de les téléphoner afin qu'ils viennent rechercher leur moto, personne n'a osé décrocher aux appels même le soir ;

Que par la suite, l'inculpé n'a pas manifesté d'inquiétude à l'égard de son apprenti dont il n'avait pas de nouvelles depuis la veille, au lendemain des faits alors qu'il devait se déporter personnellement à nouveau au domicile parental de ce dernier soit s'informer, Soit récupérer sa moto tant recherchée, ou, cette réserve ouvre droit à des indices de suspicions à son égard sur une possible responsabilité pénale à son encontre ;

Que l'information est ouverte pour assassinat et complicité ;

Que le crime d'assassinat suppose une préméditation ou un guet-apens sur la victime dans le but d'attenter à sa vie, et le droit pénal étant d'interprétation stricte, il convient de démontrer matériellement ladite préméditation, ainsi que les actes préparatoires du crime et l'intention criminelle de l'agent pénal ;

Que l'examen du dossier de l'instruction n'a pas permis de caractériser le guet-apens ou la préméditation, mais par contre, les menaces proférées par … (noms et prénom de l'inculpé) et son frère policier … (noms et prénom de ce dernier) traduisent au moins une volonté implicite de commettre un acte punissable ;

Que lors de la confrontation devant le juge d'instruction (procès-verbal du …) entendu comme témoin,… (noms et prénom du frère de l'inculpé, le policier) a déclaré :« je reconnais avoir prononcé la phrase c'est toi la maman de … (noms et prénom du défunt), si l'enfant ne se fait pas voir, ne sois pas surprise d'être interpellée par la police », et il y a là un aveu explicite ;

Que sur toute sa ligne de défense, l'inculpé … (noms et prénom de ce dernier) a conclu lors de la confrontation que : « je viens de mentir (….)»(procès-verbal du …) ;

Que l'inculpé a, lui-même, avoué avoir menti au juge dans ses déclarations alors que l'examen des pièces du dossier révèle plusieurs incohérences dans les déclarations de l'inculpé ; notamment de son indifférence lorsque les parents s'étaient mis à l'appeler à plusieurs reprises quand la moto avait été retrouvée sans son utilisateur, la victime … (noms et prénom du défunt) ;

Qu'il y a là des doutes sur l'innocence de l'inculpé ;

Qu'en somme, il résulte de l'examen des faits et du droit que le crime d'assassinat n'a pu être pénalement caractérisé, mais, l'indifférence face aux appels téléphoniques de l'inculpé … (noms et prénom du défunt) à l'égard de la famille éprouvée et l'aveu du témoin … (noms et prénom du témoin) sont pénalement caractéristiques du crime de menaces de mort, en raison des menaces proférées par eux lors de leur visite au domicile parental de la victime, fait qu'ils n'ont pas nié ;

Qu'ainsi, il échet de requalifier le crime d'assassinat en crime de menaces de mort, prévu et puni par l'article 305 du Code pénal, et dans le même temps, inculper le témoin … (noms et prénom du témoin) comme co-auteur des faits de la poursuite, pour transmettre l'entier dossier au procureur général près la Cour d'appel ;

-Sur la requalification des faits en crime de menaces de mort

Attendu qu'il résulte des dispositions de l'article 305 du Code pénal que «Quiconque aura menacé par écrit, anonyme ou signé, d'assassinat, d'empoisonnement ou de tout autre attentat contre les personnes, qui seraient punissables de la peine de mort, des travaux forcés à perpétuité ou la menace aurait été faite avec ordre de déposer une somme d'argent dans un lieu indiqué ou de remplir toute autre condition sera puni d'un emprisonnement … » ;

Attendu qu'en l'espèce, le crime d'assassinat reproché à l'inculpé … (noms et prénom de l'inculpé) n'est pas suffisamment caractérisé, mais par contre l'examen du dossier révèle que ce dernier a fait montre de menaces proférées en l'absence de la victime devant sa mère, et surtout son frère … (noms et prénom du frère de l'inculpé) ;

Que pour demeurer dans le contexte criminel, il convient de noter avec la mort de la victime que des suspicions lourdes pèsent sur … (noms et prénom de l'inculpé) et … (noms et prénom du frère de l'inculpé), caractérisées par des propos menaçants devant les parents de la victime puis de leur indifférence aux appels de cette famille lorsque la moto avait été retrouvée, alors qu'il s'avère que c'est dans ces instants que la victime aurait trouvé la mort et dans ce sens, la menace cesse d'être délictuelle ;

Que lors de la confrontation, l'inculpé … (noms et prénom de ce dernier) reconnaît qu'il était en colère contre son élève et qu'il n'a non plus contesté les affirmations de dame … (noms et prénom de la mère de la victime), également partie civile en l'espèce quand elle fait part au juge d'instruction des propos menaçants tenus par l'inculpé et son groupe à l'endroit de son fils défunt ;

Que selon la jurisprudence : « une menace avec ordre ou sans condition est punissable » (Crim, 18 septembre 1851, D.p, 1851, 5, 356) et en l'espèce, la condition était la reprise de la moto faute d'emprisonnement, tel que promis par … (noms et prénom du frère de l'inculpé), qu'il convient d'inculper comme co-auteur des faits de la poursuite ;

-Sur l'inculpation du témoin … (noms et prénom du frère de l'inculpé, le policier) en tant que co-auteur

Attendu qu'il ressort de l'examen des pièces du dossier que … (noms et prénom du co-auteur) a proféré des menaces à l'endroit de la victime, tel que non contesté par lui devant le juge d'instruction ;

Qu'à ce jour, ces menaces doivent être réprimées par des peines criminelles du fait des circonstances qui entourent la survenance des événements malheureux suite à la mort de la victime ;

Qu'il faut alors noter que ce dernier a agi de concert avec … (noms et prénom de l'inculpé) qui a fait appel à lui pour exercer la pression sur la famille du défunt donc des menaces ;

Qu'il a en outre été indifférent lorsque la famille l'appelait pour récupérer la moto de son frère, sans s'intéresser à la vie de celui qui s'était enfui avec la moto lors du retrait ou encore aux moyens et méthodes employés par cette famille pour récupérer ladite moto ;

Qu'en tant qu'agent de l'ordre, alors qu'il passait à quelques mètres du lieu où le cadavre de la victime a été jeté à ciel ouvert et à poils, il ne s'est pas rapproché pour s'enquérir ou informer la famille éprouvée ;

Qu'en somme, ayant reconnu avoir « proféré des menaces » (déclaration qu'il n'a pas niée devant le juge d'instruction) à l'égard de la victime sur ordre du propriétaire de la moto Djakarta, sans autorisation légale de sa hiérarchie, le témoin … (noms et prénom de ce dernier) a commis le même crime que l'inculpé ... (noms et prénom de l'inculpé) et doit ainsi être inculpé des mêmes faits que ce dernier comme co-auteur, dès ce jour, pour répondre de l'incrimination des charges mises sur sa personne ;

-Sur la demande de mise en liberté provisoire formulée par l'inculpé … (noms et prénom de l'inculpé).

Attendu qu'il résulte de l'information que l'inculpé … (noms et prénom de ce dernier) ayant pour conseil maître … (noms et prénom de l'avocat), est placé en détention provisoire depuis … (date) ;

Qu'à ce jour après trois (3) mois de détention, il a introduit une demande de mise en liberté provisoire ;

Attendu qu'il résulte des dispositions de l'article 119 du code de procédure pénale : « la détention préventive est une mesure exceptionnelle » ;

Qu'en l'espèce, il convient de constater que le juge d'instruction a clos son information après avoir réuni l'essentiel des éléments à charge contre l'inculpé qui sollicite sa mise en liberté ;

Que le concours du ministère d'avocat à son profit constituera un repère important pour la garantie de la représentation en justice ;

Que dans l'attente de l'aboutissement de la procédure, son maintien en détention ne paraît plus suffisamment utile ;

Qu'en ce sens, il paraît loisible tout en s'appuyant sur la disposition précitée, de lui accorder le bénéfice des dispositions de l'article 121, alinéa 1er, du code de procédure pénale ;

Que sa mise en liberté dès lors motivée par des raisons de santé qui exigent la levée de la mesure judiciaire ;

Qu'en faisant application de cette disposition, il convient de faire droit à la demande de l'inculpé relative à la levée, à titre provisoire, de la mesure de détention dans l'attente d'une décision au fond ;

Qu'ainsi, le ministère public ne s'oppose pas à la mise en liberté provisoire de l'inculpé … (noms et prénom de l'inculpé) ;

Sur la transmission de pièces :

Attendu qu'il résulte de l'information charges suffisantes contre : … (noms et prénoms des auteurs du crime), d'avoir à … (nom de la ville), courant … (période), en tout cas depuis temps tel que les faits ne sont pas couverts par la prescription de l'action publique, commis le crime de menaces de mort sur la personne de … (noms et prénom de la victime) ;

Faits prévus et punis par l'article 305 du code pénal ;

Par ces motifs

Vu les motifs sus-évoqués, ensemble avec les dispositions des articles 305 du code pénal, 119 et 130-1e du code de procédure pénale ;

Requiert qu'il plaise à Monsieur le juge d'instruction requalifier les faits de crime d'assassinat et complicité retenus à charge contre l'inculpé … (noms et prénom de ce dernier) en crime de menaces de mort, crime prévu et puni par l'article 305 du code pénal ;

Recevoir sa demande de mise en liberté provisoire ;

L'en dire bien fondé en la forme et d'y faire droit au fond en la faisant assortir du versement d'un cautionnement qui sera fixé par le greffier du cabinet d'instruction ;

De constater en outre que le témoin … (noms et prénom de ce dernier) a également proféré des menaces à l'égard de la victime ;

En conséquence :

Ordonner la mise en liberté provisoire de l'inculpé … (noms et prénom de ce dernier) ;

Ordonner l'inculpation du témoin … (noms et prénom de ce dernier) comme co-auteur des faits de la poursuite et retenir dans les liens de l'incrimination des faits de menaces de mort, crime commis de concert avec … (noms et prénom de l'inculpé) ;

Ordonner enfin la transmission de la présente la procédure et un état de pièces à conviction à monsieur le procureur général près la cour d'Appel de … (nom de la ville) pour qu'il soit statué par lui ce qu'il appartiendra sur la saisine de la chambre d'accusation.

Fait au parquet, le … (date)

Le Procureur de la République

Réquisitoire n° 25 (Transmission des pièces au Procureur général près la cour d'appel)

COUR D'APPEL DE… (NOM DE LA VILLE)
TRIBUNAL DE GRANDE INSTANCE
DE… (NOM DE LA VILLE)
PARQUET DE LA REPUBLIQUE
N °DU PARQUET ……………………….. /
N° D'INSTRUCTION…………..…………….. /

RÉPUBLIQUE DU CONGO
Unité*Travail*Progrès

REQUISITOIRE AUX FINS DE TRANSMISSION DES PIECES A MONSIEUR LE PROCUREUR GENERAL PRES LA COUR D'APPEL DE … (NOM DE LA VILLE)

Le Procureur de la République près le tribunal de grande instance de … (nom de la ville) ;

Vu l'information suivie contre :

1)… (noms et prénom de l'inculpé, nationalité, date et lieu de naissance, filiation, situation matrimoniale, adresse, etc.) ;

Inculpé de pillage, de destructions de biens et d'offense au chef de l'Etat ;

Crimes et délit prévu et punis par les articles 437 et 440 du Code pénal ; 187, 190 et 191 de la loi n°8-2001 du 12 novembre 2001 sur la liberté de l'information et de la communication ;

Détenu suivant mandat de dépôt du … (date) ;

2) … (noms et prénom de l'inculpé, nationalité, date et lieu de naissance, filiation, situation matrimoniale, adresse, etc.) ;

Inculpé de pillage, de destructions de biens et d'offense au chef de l'Etat ;

Crimes et délit prévus et punis par les articles 437 et 440 du Code pénal ; 187, 190 et 191 de la loi n°8-2001 du 12 novembre 2001 sur la liberté de l'information et de la communication ;

Détenu suivant mandat de dépôt du… (date) ;

3)… (noms et prénom de l'inculpé, nationalité, date et lieu de naissance, filiation, situation matrimoniale, adresse, etc.) ;

Inculpé de pillage, destructions de biens et d'offense au chef de l'Etat ;

Crimes et délit prévus et punis par les articles 437 et 440 du Code pénal ; 187, 190 et 191 de la loi n°8-2001 du 12 novembre 2001 sur la liberté de l'information et de la communication ;

Détenu suivant mandat de dépôt du… (date du mandat de dépôt) ;

Sur les faits de la cause

Les 6 et 7 juillet … (année) à l'occasion des obsèques de … (noms et prénom du défunt), ancien président de l'Assemblée nationale et président du … (nom de son parti politique) de nombreuses personnes organisées en bandes ont fondamentalement troublé les différentes cérémonies tenues à cet effet par les actes de pillages, de destruction des biens d'autrui et proférant également à l'endroit du chef de l'Etat et de son épouse des propos portant atteinte à leur honneur et à leur dignité ;

Dans le vacarme, les assaillants ont détruit sur leur passage voitures et camions stationnés dans les parkings et stations de lavage ; cassé baies vitrées des magasins de commerce et y ont soustrait des biens de consommation qui les garnissaient. Les épaves des biens cassés jonchaient avenues et rues de la ville ;

Les bandes excitées et surchauffées se déplaçaient le long des artères de la ville en chantant, mais des chansons aux propos outrageants et injurieux à l'endroit du chef de l'Etat et de son épouse ;

La force de l'ordre, qui avait reçu l'instruction ferme de ne tirer aucun coup de feu, fut débordée par la foule devant laquelle elle paraissait impuissante ;

Malgré tout, agissant dans le cadre de sa mission traditionnelle de maintien de l'ordre, la force publique appréhendait quelques suspects qui furent gardés à la gendarmerie et au Commissariat central ; parmi lesquels les inculpés susnommés actuellement placés à la maison d'arrêt ;

Sur l'information

De l'information ouverte des chefs de pilage, de destruction de biens et d'offense au chef de l'Etat ; crime et délit prévus et punis par les articles 437 et 440 du Code pénal ; 187, 190 et 191 de la loi n°8-2001 du 12 novembre 2001 sur la liberté de l'information et de la communication ; il en résulte que les inculpés nient tous les faits mis à leur charge et expliquent les circonstances dans lesquelles ils ont été appréhendés. Selon leurs déclarations, les agents de la force publique les ont appréhendés dans la confusion engendrée par l'événement ;

Tous comme des chantres ont nié in globo les trois chefs d'inculpation qui leur étaient notifiées ;

Cependant, pour battre en brèche ces dénégations, le magistrat instructeur a procédé à l'audition de quelques responsables à la tête des patrouilles organisées par la force publique à l'issue desquelles les inculpés ont été appréhendés ;

Il en résulte donc que ceux-ci ont réussi à appréhender de la foule des personnes dont les inculpés ; qui soit à pied soit dans un taxi cannaient les rues en chantant des propos malveillants contre le chef de l'Etat et son épouse et cassaient tout sur leur passage et emportaient dès que possible ce qui leur paraissait utile ;

Il est donc évident que dans ce cafouillage les forces de l'ordre ne pouvaient appréhender que ceux trouvés sur le lieu du délit ou ceux fuyant après avoir commis le délit ;

La plupart des inculpés ont été appréhendés dans ces circonstances, ils le reconnaissent d'ailleurs, quand ils déclarent tous que c'est soit en fuyant, soit en étant sur les lieux que les forces de l'ordre les ont appréhendés ;

En tout état de cause, l'évidence des faits n'est pas à rechercher dans cette procédure, car tout le monde a vécu leur horreur dans la ville de … (nom de la ville). Les commerces tenus pour la plupart par des expatriés avaient fermé deux (2) jours durant pour échapper au pillage et à la destruction. De même, les insultes à l'endroit du chef de l'Etat ont été légion avant et pendant les funérailles de … (noms et prénom du défunt) ;

La question que l'on se pose est celle-ci : Quels sont les commanditaires ? Ils n'ont pas été démasqués. Mais, il est vraisemblablement incontesté et incontestable que les inculpés figurent parmi les auteurs ; et chacun d'eux devrait répondre de sa responsabilité pénale ;

C'est pourquoi, il est aussi aisé de conclure qu'il y a suffisamment de charges contre les inculpés d'avoir commis les faits qui leur sont imputés ;

Dès lors, leur renvoi devant la formation de jugement s'avère utile et inévitable ;

Qu'il y a donc lieu de requérir dans ce sens ;

Réquisitions de transmission

Attendu qu'il résulte de l'information charges suffisantes contre … (noms et prénom des inculpés) d'avoir à … (nom de la ville), les 6 et 7 juillet … (année), en tout cas depuis temps tel que les faits ne sont pas couverts par la prescription de l'action publique ;

1)-commis en réunion ou en bande et à force ouverte, le pillage de denrées ou de marchandises, des effets et des propriétés mobilières appartenant à autrui ;

2)- dans les mêmes circonstances de temps et de lieu, volontairement détruit ou renversé, par quelque moyen que ce soit, en tout ou partie, des édifices ou autres constructions qu'ils savaient appartenir à autrui ;

3)- dans les mêmes circonstances de temps et de lieu, exercé des menaces en lieu public et proféré des paroles de nature à porter atteinte à l'honneur et à la dignité du président de la République ;

Crime et délits prévus et punis par les articles 437, 440 du Code pénal ; 187, 190 et 191 de la loi n° 08-2001 du 12 novembre 2001 ;

Vu l'article 167 du code de procédure pénale ;

Requiert qu'il plaise à madame le doyen des Juges d'instruction ;

Ordonner la transmission de l'entier dossier de la procédure à monsieur le Procureur général près la Cour d'appel de … (nom de la ville) pour être procédé par lui conformément à la loi.

Fait au parquet, le … (date)

Le Procureur de la République

Réquisitoire n°26 (Transmission des pièces au Parquet général près la cour d'appel)

COUR D'APPEL DE… (NOM DE LA VILLE)
TRIBUNAL DE GRANDE INSTANCE
DE… (NOM DE LA VILLE)
PARQUET DE LA REPUBLIQUE
N °DU PARQUET …………………………… /
N° D'INSTRUCTION…………………………… /

RÉPUBLIQUE DU CONGO
Unité*Travail*Progrès

REQUISITOIRE DE TRANSMISSION DES PIECES AU PARQUET GENERAL PRES LA COUR D'APPEL DE … (NOM DE LA VILLE)

Le Procureur de la République près le Tribunal de Grande Instance de… (nom de la ville) ;

Vu le dossier de la procédure suivi contre :

… (noms et prénom de l'inculpé, nationalité, date et lieu de naissance, filiation, situation matrimoniale, adresse, etc.) ;

Inculpé d'assassinat ;

Détenu suivant mandat de dépôt du … (date) ;

Partie civile : Ministère public ;

Vu notre réquisitoire introductif du … (date) ;

Vu l'ordonnance de soit-communiqué de monsieur le juge d'instruction en date du… aux fins de nos réquisitions sur le règlement définitif ;

Sur les faits de la cause

Attendu que l'information a établi les faits suivants : courant … (année) … (noms et prénom de l'inculpé) recevait son ami surnommé … (noms et prénom de ce dernier) qui lui proposait un deal consistant à aller braquer les Blancs qui allaient se baigner à la côte sauvage du côté de … (lieu). Il lui répondait que pour pareille opération il fallait un pistolet. Le 20 Juin … (année), l'ami … (noms et prénom) revenait le voir, pendant qu'il vidangeait son véhicule, lui dire qu'il avait acquis un pistolet auprès des soldats angolais, présents dans la ville de … (nom de la ville) à cette période. Ils décident sur le champ d'aller opérer. A bord de la voiture de … (noms et prénom de l'inculpé) ils se rendaient jusqu'à … (lieu de l'infraction) où ils abandonnaient la voiture pour se rendre à pieds, par chemins détournés, jusqu'au lieu de la baignade au bord de la côte. Ils y remarquaient la présence de beaucoup de personnes en majorité des Blancs. Ils rebroussaient chemin, parvenus aux environs du village … (nom du village), ils décidaient d'y tendre leur guet-apens. Pour cela, ils mettaient un morceau de tronc d'arbre avant de se cacher dans l'herbe et attendre. Puis arrivait un véhicule de marque Toyota Land Cruiser conduit par un Blanc, le nommé … (noms et prénom de ce dernier), et à ses côtés mademoiselle … (noms et prénom de cette dernière) de nationalité congolaise. Parvenu au niveau du morceau de tronc d'arbre … (noms et prénom de ce blanc) descendait de la voiture pour dégager l'obstacle, alors surgissait des herbes l'ami de l'inculpé et … (noms et prénom de l'inculpé) qui détenait le pistolet le pointait sur … (noms et prénom du Blanc) tout en lui intimant l'ordre de remonter avec lui dans la voiture, mais sur la banquette arrière. … (noms et prénom du Blanc) s'exécutait, une fois à l'intérieur il tirait une des deux (2) balles que contenait le pistolet sur … (noms et prénom du blanc) à bout portant, celui-ci s'affalait perdant du sang. En ce moment … (noms et prénom de la demoiselle) sortait de la voiture et s'enfuyait dans les herbes vers la mer. Sans trop s'intéresser à elle, … (noms et prénom de l'inculpé) prenait le volant, ils se dirigeaient au-delà de … (nom du lieu dirigé). Après avoir nettoyé la voiture ils se rendaient dans les champs d'eucalyptus où ils cachaient le corps de … (noms et prénom du Blanc tué) qui avait succombé de sa blessure sous des feuilles mortes avant d'y dissimuler la voiture. Puis vers 17 heures ils revenaient dans leur quartier où ils apprenaient qu'ils étaient soupçonnés du meurtre d'un Blanc car il y aurait des gens qui les auraient vu dans le véhicule qui répondait à la description de la voiture de la victime.

… (noms et prénom de l'inculpé) se refugiait d'abord à … (nom de la ville) où il a été reconnu et appréhendé.

Interrogé … (noms et prénom de l'inculpé) reconnaissait les faits qui lui sont reprochés et fournissait tous les détails.

Discussion

Attendu que … (noms et prénom de l'inculpé) est inculpé d'assassinat ;

Attendu que l'assassinat est tout meurtre commis avec préméditation ou guet-apens ;

Attendu que la préméditation est le dessein formé avant l'action de commettre un crime ou un délit déterminé ;

Que le guet-apens est le meurtre commis par trahison ou à l'aide d'embuscade ;

Attendu qu'en l'espèce … (noms et prénom de l'inculpé) avait à l'avance formé le dessein de braquer ; d'extorquer des fonds et autres objets mobiliers aux gens qui allaient se baigner ou se promener sur cette partie de la côte ;

Que de même avec son ami, ils ont tendu une embuscade en se cachant dans l'herbe sachant qu'ils avaient barré la voie aux fins de commettre un crime ;

Que tous les éléments du crime d'assassinat sont réunis ;

Qu'il sied de suivre contre … (noms et prénom de l'inculpé) de ce chef ;

Renseignements

Néant.

Réquisitions de transmission de pièces au parquet général

Attendu qu'il résulte de l'information charges suffisantes contre … (noms et prénom de l'inculpé) d'avoir à … (nom de la ville), le … (date), en tout cas depuis temps tel que les faits ne sont pas prescrits commis le crime d'assassinat sur la personne de … (noms et prénom du Blanc tué) ;

Crime prévu et puni par les articles 296 et 302 du Code pénal ;

Vu l'article 167 du code de procédure pénale ;

Requiert qu'il plaise à monsieur le juge d'instruction déclarer suffisamment établie contre … (noms et prénom de l'inculpé) l'inculpation du fait ci-dessus spécifié et qualifié et ordonner par conséquent que le dossier de la procédure et un état de pièces à conviction soient transmis à monsieur le procureur général près la Cour d'appel de … (nom de la ville) pour être par le magistrat et par la chambre d'accusation statué comme il appartiendra.

Fait à … (nom de la ville), le … (date)

Le Procureur de la République

Réquisitoire 27 (Mesure d'interdiction de sortie du territoire national)

<u>COUR D'APPEL DE… (NOM DE LA VILLE)</u>
<u>TRIBUNAL DE GRANDE INSTANCE</u>
<u>DE… (NOM DE LA VILLE)</u>
<u>PARQUET DE LA REPUBLIQUE</u>
N °DU PARQUET ………………………... /
N° D'INSTRUCTION………...…………….. /

RÉPUBLIQUE DU CONGO
Unité*Travail*Progrès

REQUISITOIRE PORTANT MESURE D'INTERDICTION DE SORTIE DU TERRITOIRE NATIONAL

Le Procureur de la République près le Tribunal de grande instance de … (nom de la ville) ;

Vu la plainte déposée contre les nommés … (noms et prénoms des inculpés), ressortissants étrangers de nationalité …, en date du …, en résidence à … (nom de ville), devant le Procureur de la République ;

Vu le réquisitoire introductif portant saisine du doyen des juges d'instruction en date du… ;

Vu les instructions du procureur général près la cour d'Appel de … (nom de la ville) du …, nous prescrivons de prendre la mesure d'interdiction de sortie du territoire national des susnommés ;

Attendu qu'il importe de garantir la représentation des individus susnommés devant le doyen des juges d'instruction ;

Que pour les nécessités de la procédure, conséquemment aux instructions reçues, il importe de prendre à leur encontre la mesure conservatoire d'interdiction de sortie du périmètre de la circonscription judiciaire des autorités en charge du dossier afin de sécuriser l'enquête en cours et de garantir la représentation des nommés … (noms et prénoms des inculpés) en justice ;

<u>En conséquence</u>

Vu les nécessités d'ordre public ;

Requiert qu'il plaise à tout agent de la Force publique, notamment ceux des services de la police des frontières, interdire la sortie du territoire national aux nommés … (noms et prénoms des inculpés), faisant objet d'une enquête judiciaire ;

En cas de présentation aux frontières, de procéder à leur interpellation et d'en informer immédiatement le Procureur de la République.

Fait au parquet, le … (date)

Le Procureur de la République

Réquisitoire n° 28 (Prolongation de la garde à vue [flagrant délit])

COUR D'APPEL DE… (NOM DE LA VILLE)
TRIBUNAL DE GRANDE INSTANCE
DE… (NOM DE LA VILLE)
PARQUET DE LA REPUBLIQUE
N °DU PARQUET ……………………….. /
N° D'INSTRUCTION……….……………….. /

RÉPUBLIQUE DU CONGO
Unité*Travail*Progrès

REQUISITOIRE AUX FINS DE PROLONGATION DE LA GARDE A VUE (FLAGRANT DELIT)

Le Procureur de la République près le Tribunal de grande instance de …(nom de la ville) ;

Vu l'enquête actuellement diligentée en flagrant délit à la suite de … ;

Attendu que le nommé … (noms et prénom du suspect) demeurant à … (adresse) contre lequel il existe des indices graves et concordants de nature à motiver éventuellement une inculpation, est gardé à la disposition de l'officier de police judiciaire …à … a depuis le … (date) à … (heure) ;

Qu'il importe pour les besoins de l'enquête en cours que cette garde à vue prolongée ;

Vu l'article 48, alinéa 2 du Code de procédure pénale ;

Prolonge d'un nouveau délai la garde à vue du susnommé.

Fait au parquet, le … (date)

Le Procureur de la République

Réquisitoire n° 29 (Prolongation de la détention)

COUR D'APPEL DE… (NOM DE LA VILLE)
TRIBUNAL DE GRANDE INSTANCE
DE… (NOM DE LA VILLE)
PARQUET DE LA REPUBLIQUE
N °DU PARQUET ……………………….. /
N° D'INSTRUCTION………..…………….. /

RÉPUBLIQUE DU CONGO
Unité*Travail*Progrès

RÉQUISITOIRE AUX FINS DE PROLONGATION DE LA DÉTENTION

Le Procureur de la République près le Tribunal de grande instance de… (nom de la ville);

Vu le dossier de la procédure suivie contre :

1- … (noms et prénom de l'inculpé, nationalité, date et lieu de naissance, filiation, profession, situation matrimoniale, domicile, etc.) ;
2- … (noms et prénom de l'inculpé, nationalité, date et lieu de naissance, filiation, profession, situation matrimoniale, domicile, etc.) ;

Tous inculpés d'escroquerie en application de l'article 405, alinéa 1er, du Code pénal ;

Détenus suivant mandats de dépôt du … (date) ;

Partie civile :

- … (noms et prénom, nationalité, date et lieu de naissance, filiation, etc.) ;

Vu le réquisitoire introductif du … (date) ;

Vu l'ordonnance de soit-communiqué de monsieur le juge d'instruction en date du … relative à la demande de mise en liberté des inculpés susnommés ;

Sur la demande de mise en liberté formulée par les inculpés et la nécessité de prolonger ladite détention

Attendu que les inculpés … et … (noms et prénoms des inculpés) sont poursuivis pour escroquerie, conformément aux dispositions de l'article 405, alinéa 1er, du code pénal ;

Que ces poursuites sont consécutives aux manœuvres employées par les susnommés qui promettaient à leur victime dame … (noms et prénom de la victime), des recrutements fictifs dans les rangs de la force publique ou dans certaines sociétés de la place ;

Que c'est sur la base de cette inculpation qu'ils ont été écroués à la maison d'arrêt par mandat de dépôt du juge d'instruction depuis … (date du mandat de dépôt) ;

Qu'à ce jour, il appert que leur détention approche sensiblement le seuil fixé par la loi pénale ;

Attendu en revanche que dans les circonstances que l'instruction avance vers les indices susceptibles d'éclairer la lanterne de la justice, faire droit à l'élargissement des inculpés serait une démarche visant à les soustraire à l'action du juge d'instruction ;

Que dans le même élan, les inculpés qui s'engagent à rembourser à la victime dame … ce qu'elle réclame à raison d'une échéance de 50.000 Frs/mois, ne rassurent pas trop de leur solvabilité d'une part, et d'autre part, il appert de constater que leur garantie de représentation en justice est assez moindre du fait des difficultés de localisation géographique des adresses dans la ville de … (nom de la ville) ;

Qu'il en résulte de ce développement que la demande de mise en liberté des inculpés … (noms et prénoms de ces derniers) ne peut prospérer, ainsi il convient de les maintenir en détention ;

Que pour régulariser leur détention et permettre au magistrat instructeur de clore parfaitement son information notamment par la confrontation des parties, il convient de requérir la prolongation de la détention des inculpés sur le fondement des dispositions de l'article 121 du code de procédure pénale ;

Qu'en ce sens, il convient de requérir d'une part le maintien des inculpés … (noms et prénoms des inculpés) jusqu'à la clôture de l'information judiciaire et d'autre part, la prolongation de leur détention pour une durée de deux (02) mois à compter de ce jour ;

Qu'ainsi s'inscrivent les réquisitions du ministère public relatives à ce dossier ;

Par ces motifs :

Vu les dispositions de l'article 121 du code de procédure pénale ;

Requiert qu'il plaise à monsieur le juge d'instruction constater que le délai de détention des inculpés … (noms et prénoms des inculpés) a atteint le seuil de quatre (04) mois requis par la loi pénale ;

Recevoir les inculpés susnommés en leurs demandes de mise en liberté provisoire ;

Les en dire mal-fondées ;

En conséquence

Ordonner la prolongation de la détention des inculpés … (noms et prénoms des inculpés) pour une durée de deux (02) mois, pouvant permettre la clôture de l'information judiciaire.

Fait au parquet, le … (date)

Le Procureur de la République

Réquisitoire n° 30 (Extraction)

COUR D'APPEL DE... (NOM DE LA VILLE)
TRIBUNAL DE GRANDE INSTANCE
DE... (NOM DE LA VILLE)
PARQUET DE LA REPUBLIQUE
N °DU PARQUET .... /
N° D'INSTRUCTION.................................. /

RÉPUBLIQUE DU CONGO
Unité*Travail*Progrès

RÉQUISITOIRE D'EXTRACTION

Le Procureur de la République près le Tribunal de grande instance de... (nom de la ville) ;

Vu la nécessité de recourir à l'intervention de la force publique pour éviter les risques d'évasion ;

Requiert monsieur le :

- Commissaire de police ;
- Commandant de Compagnie de gendarmerie ;

à ... de faire extraire de la Maison d'arrêt de ... (nom de la ville) et conduire sous bonne escorte à l'audience du Tribunal correctionnel de ... (nom de la ville) ; à l'audience de la cour d'assises de ... (nom de la ville) au parquet de ... pour le ... (date) à ... heures ... les détenus ci-après désignés :

1).... (noms et prénom) ;

2).... (noms et prénom) ;

3).... (noms et prénom) ;

4).... (noms et prénom) ;

5).... (noms et prénom) ;

6)…. (noms et prénom) ;

7)…. (noms et prénom) ;

8)…. (noms et prénom) ;

9)…. (noms et prénom) ;

10)…(noms et prénom) ;

de les faire surveiller, de les faire garder aussi longtemps qu'il sera nécessaire, et de les faire réintégrer ensuite et sans délai à la maison d'arrêt.

Fait au parquet, le … (date)

Le Procureur de la République

Réquisitoire n° 31 (Recherche des causes de la mort)

COUR D'APPEL DE… (NOM DE LA VILLE)
TRIBUNAL DE GRANDE INSTANCE
DE… (NOM DE LA VILLE)
PARQUET DE LA REPUBLIQUE
N °DU PARQUET ………………………… /
N° D'INSTRUCTION……………………….. /

RÉPUBLIQUE DU CONGO
Unité*Travail*Progrès

RÉQUISITOIRE AUX FINS DE RECHERCHE DES CAUSES DE LA MORT

Le Procureur de la République près le Tribunal de Grande Instance de… (nom de la ville);

Vu le rapport qui nous a été fait ce jour par … relatant la découverte à … du cadavre de … (ou du cadavre d'une personne de sexe … non identifiée) ;

Attendu qu'il résulte des constatations et des renseignements recueillis que la cause de ce décès est, à l'heure actuelle, inconnue ou suspecte ;

Attendu que le médecin appelé sur les lieux a refusé de délivrer certificat aux fins d'inhumation ;

Vu l'article 60 du Code de procédure pénale ;

Requiert …(noms et prénom de l'expert) expert inscrit sur la liste de la Cour d'Appel (ou … qui prêtera, par écrit, serment de donner son avis en son honneur et conscience) ;

- de se transporter à … où le cadavre sus désigné a été déposé ;

- de procéder à l'examen dudit cadavre, et au besoin, à son autopsie complète, ainsi qu'à tous prélèvements qui paraîtraient utiles à la manifestation de la vérité ;
- de nous faire rapport dans les délais les plus brefs sur les circonstances du décès et sur les causes de la mort et dire notamment si ce décès peut être la conséquence d'une infraction.

Fait au parquet, le … (date)

Le Procureur de la République

Réquisitoire n° 32 (réquisitoire à médecin)

COUR D'APPEL DE… (NOM DE LA VILLE)
TRIBUNAL DE GRANDE INSTANCE
DE… (NOM DE LA VILLE)
PARQUET DE LA REPUBLIQUE
N °DU PARQUET ………………………... /
N° D'INSTRUCTION………..……………... /

RÉPUBLIQUE DU CONGO
Unité*Travail*Progrès

REQUISITOIRE A MEDECIN

Le Procureur de la République près le Tribunal de grande instance de … (nom de la ville) ;

Vu la demande en date à … (nom de la ville) du … (date) de monsieur … (noms et prénom, date et lieu de naissance, nationalité, filiation, profession, situation matrimoniale, domicile, etc.), tendant à l'obtention d'un certificat médical définitif de guérison de son fils … (noms et prénom de ce dernier) ;

Attendu que dans le cadre de la procédure de flagrance ouverte par le ministère public et … (noms et prénom de la victime), représenté par son père monsieur … (noms et prénom du père de la victime), contre … (noms et prénom du prévenu), prévenu de coups et blessures volontaires, pendante devant la chambre correctionnelle du Tribunal de grande instance de … (nom de la ville) ;

Que dans le cadre de l'appréciation du préjudice corporel et définir la peine applicable au prévenu, c'est-à-dire emporter la conviction du juge en s'appuyant sur une expertise médicale ;

Que sur le point, il a paru judicieux au requérant de s'adresser au ministère public pour des diligences y relatives avant la prochaine audience correctionnelle prévue le … (date) à … (nom de la ville) dans la salle des audiences dudit tribunal ;

Qu'à cette fin et pour l'intérêt de la procédure, il importe au médecin traitant de monsieur … (noms et prénom de la victime) de communiquer à monsieur … (noms et prénom du père de la victime), le certificat médical définitif de guérison du susnommé ;

En conséquence

Vu ce qui précède, pour des raisons d'ordre public et au regard de l'intérêt de la victime ;

Requiert qu'il plaise au médecin traitant de monsieur … (noms et prénom de la victime) communiquer à monsieur … (noms et prénom du père de la victime), le certificat médical définitif de guérison de ce dernier ;

Et, communiquer directement les résultats de l'expertise médicale à monsieur … (noms et prénom du père de la victime) ; et d'autre part, nous en dresser copie sous pli fermé par le biais du secrétariat du Procureur de la République près le Tribunal de grande instance de … (nom de la ville).

Fait au Parquet, le … (date)

Le Procureur de la République

Réquisitoire n° 33 (Saisie et mise sous main de justice du véhicule)

COUR D'APPEL DE… (NOM DE LA VILLE)
TRIBUNAL DE GRANDE INSTANCE
DE… (NOM DE LA VILLE)
PARQUET DE LA REPUBLIQUE
N °DU PARQUET ………………………… /
N° D'INSTRUCTION………..…………….. /

RÉPUBLIQUE DU CONGO
Unité*Travail*Progrès

RÉQUISITOIRE AUX FINS DE SAISIE ET MISE SOUS MAIN DE JUSTICE DU VÉHICULE

Le Procureur de la République près le Tribunal de grande instance de … (nom de la ville) ;

Attendu qu'il résulte de la procédure engagée par devant le parquet du Procureur de la République, suivant plainte du … (date), enregistrée sous le numéro …, que Monsieur … (noms et prénom, nationalité, date et lieu de naissance, filiation, profession, situation matrimoniale, adresse, etc.), avait acheté en République … (nom du pays) un véhicule à usage commercial de marque …, immatriculé …, par le biais de son cadet … (noms et prénom de ce dernier), résidant au …(nom du pays) ;

Que pour exporter le véhicule en République …(nom du pays destinataire), monsieur … (noms et prénom du cadet de la victime) a contacté monsieur… (noms et prénom du témoin), également témoin de l'achat de ce véhicule, qui a la double nationalité …, de procéder à l'établissement de la carte grise du véhicule au regard des restrictions imposées par la loi de ce pays et faciliter le passage à la frontière ;

Que profitant de cela, ce dernier s'est fait établir une carte grise du véhicule à son nom et à ce jour, il a passé la frontière disant à mon frère … (noms et prénom du cadet de la victime) qu'il était venu me déposer le véhicule à … (nom de la ville), et y étant , il l'a mis en circulation à son profit ;

Que jusqu'à ce jour, le véhicule devient introuvable et c'est pour ce motif qu'il est revenu solliciter les réquisitions du parquet aux fins de mettre sous-main de justice ledit véhicule et attendre l'issue de la procédure engagée à cet effet ;

Qu'en outre, ledit véhicule a été ré-immatriculé et mis en service par … (noms et prénom du témoin) à l'insu de son propriétaire;

Attendu qu'aux termes des articles 77 et suivants du code de procédure pénale, il convient de requérir la saisie du véhicule à usage commercial de marque …, initialement immatriculé ..., propriété de monsieur … (noms et prénom de la victime) et le rendre indisponible au parking du Tribunal de grande instance de … (nom de la ville) jusqu'au dénouement du litige ;

Que le Procureur de la République monde et requiert à tout agent d'exécution de prêter main-forte à l'exécution de la présente mesure ;

<u>En conséquence</u>

Vu les articles 77 et suivants du code de procédure pénale ;

Requiert à tout agent d'exécution de prêter main-forte à l'exécution de la présente mesure, consistant à la saisie et à la mise sous-main de justice un véhicule à usage commercial de marque …, initialement immatriculé …, ainsi que leur entrepôt au parking du Tribunal de grande instance de… (nom de la ville) jusqu'au dénouement du litige ;

Fait au parquet, le… (date)

Le Procureur de la République

Réquisitoire n° 34 (restitution du véhicule)

COUR D'APPEL DE… (NOM DE LA VILLE)
TRIBUNAL DE GRANDE INSTANCE
DE… (NOM DE LA VILLE)
PARQUET DE LA REPUBLIQUE
N °DU PARQUET ……………………….. /
N° D'INSTRUCTION………..…………….. /

RÉPUBLIQUE DU CONGO
Unité*Travail*Progrès

RÉQUISITOIRE AUX FINS DE RESTITUTION DU VÉHICULE

Le Procureur de la République près le Tribunal de Grande Instance de … (nom de la ville) ;

Attendu qu'en date du …, et par décision avant-dire droit, le tribunal correctionnel (2ème chambre) avait rendu la décision dont le dispositif est le suivant ;

« par ces motifs :

« statuant publiquement, contradictoirement,

« en matière correctionnelle et en premier

« ressort ;

« par jugement avant-dire droit ;

« constate la transaction sur procès-verbal ;

« passée entre dame … en date du … ;

« En conséquence :

« Ordonne d'office la restitution du véhicule immatriculé … à dame … ;

« Renvoie la cause à l'audience du …

« pour poursuite de l'instruction ;

« Réserve les dépens ;

« Le tout en application de l'article 413

« alinéa 2 du code de procédure pénale » ;

Attendu qu'en application de cette décision, Maître …, avocat de dame … (noms et prénom de cette dernière), s'est adressé au ministère public pour solliciter la restitution du véhicule, objet de la procédure devant la chambre correctionnelle sus désignée ;

Que ledit véhicule, immatriculé …, avait été mis à disposition auprès du garage … (nom du garage) pour des raisons d'entretien jusqu'à ce jour ;

Qu'au regard de la transaction intervenue entre les parties à cet effet, il convient de recevoir le conseil de dame … (noms et prénom de cette dame), l'en dire bien-fondé en sa demande et requérir au responsable du garage … de mettre le véhicule immatriculé …, de marque Prado, au profit de cette dernière ;

En conséquence

Vu ce qui précède ;

Vu le jugement avant-dire droit du … (date) ;

Requiert la restitution, par le responsable du garage … au profit de dame …, du véhicule immatriculé …

Fait au parquet, le … (date)

Le Procureur de la République

Réquisitoire n° 35 (Déclaration tardive de naissance)

COUR D'APPEL DE… (NOM DE LA VILLE)
TRIBUNAL DE GRANDE INSTANCE
DE… (NOM DE LA VILLE)
PARQUET DE LA REPUBLIQUE
N °DU PARQUET ………………………….. /
N° D'INSTRUCTION……….……………….. /

RÉPUBLIQUE DU CONGO
Unité*Travail*Progrès

RÉQUISITOIRE AUX FINS DE DÉCLARATION TARDIVE DE NAISSANCE

Le Procureur de la République près le Tribunal de grande instance de … (nom de la ville) ;

Vu les pièces du dossier de la procédure, notamment le certificat de non-inscription d'acte de naissance n°…/DGL/D-GAM/CU/SG/SG du … (date) ;

Vu la requête en date du … introduite par le nommé … (noms et prénom du père, nationalité, date et lieu de naissance, filiation, profession, etc.) aux fins de déclaration tardive de la naissance de son fils nommé … ;

Attendu qu'au soutien de sa requête, il allègue que la naissance de son fils n'avait jamais été déclarée à l'état-civil dans le délai légal et sollicité les réquisitions du parquet pour y remédier ;

Attendu qu'aux termes de l'article 45 alinéa 6 du code de la famille : « le Procureur de la République peut, à toute époque et en dehors des délais ci-dessus prévus, faire la déclaration d'une naissance dont il aurait eu connaissance et qui n'aurait pas été constatée à l'état-civil » ;

Attendu que les témoignages recueillis du chef du quartier confirment les allégations du requérant ;

Que dans l'intérêt de l'enfant, il y a lieu de remédier à l'ignorance des parents ;

Attendu que le ministère public ne s'y oppose pas;

En conséquence

Vu l'article 45 alinéa 6 du code de la famille ;

Requiert qu'il plaise à monsieur le maire de … (nom de la ville), recevoir la déclaration tardive de naissance :

Noms : … ;

Prénoms :… ;

Sexe : … ;

Né le : … ;

Fils de : … ;

Né le : … ;

Nationalité : … ;

Profession : … ;

Et de : … ;

Née le : … ;

Nationalité : … ;

Profession : … ;

Requiert qu'en tête de l'acte ainsi adressé devra être portée la mention « INSCRIPTION DE DECLARATION TARDIVE SUIVANT REQUISITOIRE N°…/C.A.B.T.G.G » et transcription dans les registres d'état-civil.

Fait au parquet, le … (date)

Le Procureur de la République

Réquisitoire n° 36 (Reconstitution d'un acte de naissance)

COUR D'APPEL DE... (NOM DE LA VILLE)
TRIBUNAL DE GRANDE INSTANCE
DE... (NOM DE LA VILLE)
PARQUET DE LA REPUBLIQUE
N °DU PARQUET .... /
N° D'INSTRUCTION............................... /

RÉPUBLIQUE DU CONGO
Unité*Travail*Progrès

REQUISITOIRE AUX FINS DE RECONSTITUTION D'UN ACTE DE NAISSANCE

Le Procureur de la République près le Tribunal de Grande Instance de... (nom de la ville) ;

Vu la loi n°073-84 du 17 octobre 1984 à son article 82 ;

Vu les pièces du dossier de la procédure notamment le certificat de destruction de l'acte de naissance n°.../DPL/D-GAM/SP/SG/BEC du ... (date), la fiche de renseignement en vue de l'établissement de l'acte de naissance du ... (date) ;

Par requête en date du ..., le nommé ... sollicite des réquisitions aux fins de reconstitution de l'acte de naissance de sa fille ... ;

Attendu que le requérant allègue au soutien de sa requête que sa fille est née le ... (date) à ... (lieu de naissance), de ses œuvres et de celles de ... et qu'un acte de naissance avait été établi pour elle par l'officier d'état-civil du district de ... (nom de la localité) ;

Que suite aux mauvaises conditions de conservation des documents à son domicile, les pièces d'état-civil des membres de sa famille y compris celle de sa fille ont été détruites par la pluie qui a coulé de la toiture de sa maison ;

Qu'à ce jour, elle demeure sans acte de naissance lui permettant d'obtenir d'autres pièces de la vie civile ;

Qu'ayant eu recours au service d'état-civil du district de … (nom de la localité), il a été impossible d'établir le duplicata de l'acte de naissance de sa fille, aux motifs qu'aucune trace de celui-ci n'a été retrouvée dans les archives dudit service ;

Attendu que sur le fondement de l'article 82 du code de la famille sus-invoqué, « la reconstitution d'acte de naissance ou des registres doit être faite à la diligence du Procureur de la République » ;

Que la requête étant régulière et fondée, il sied d'y faire droit ;

Attendu que le ministère public ne s'y oppose pas ;

<u>En conséquence</u>

Vu l'article 82 du code de la famille susvisé ;

Requiert qu'il plaise à monsieur l'officier d'état-civil de … (nom de la localité), procéder à la reconstitution de l'acte de naissance de :

Nom : … ;

Prénoms : … ;

Née le : … à… (lieu de naissance) ;

Sexe : … ;

Fille de : … ;

Né le : … à … (lieu de naissance) ;

Nationalité : … ;

Profession : … ;

Et de : … ;

Née le : … à … (lieu de naissance) ;

Nationalité : … ;

Profession : … ;

De tout, mention « ACTE DE NAISSANCE » sera portée en tête de l'acte ainsi adressé et le numéro et cette mention seront portés en marge de l'acte antérieurement adressé le plus proche de l'acte.

Fait au parquet, le… (date)

Le Procureur de la République

Réquisitoire n° 37 (Déclaration tardive de décès)

COUR D'APPEL DE… (NOM DE LA VILLE)
TRIBUNAL DE GRANDE INSTANCE
DE… (NOM DE LA VILLE)
PARQUET DE LA REPUBLIQUE
N °DU PARQUET …………………………... /
N° D'INSTRUCTION………..…………….. /

RÉPUBLIQUE DU CONGO
Unité*Travail*Progrès

REQUISITOIRE AUX FINS DE DECLARATION TARDIVE DE DECES

Le Procureur de la République près le Tribunal de grande instance de … (nom de la ville);

Vu la demande du nommé … (noms et prénom du demandeur, nationalité, date et lieu de naissance, filiation, profession, etc.) tendant à l'obtention des réquisitions aux fins de déclaration tardive de décès ;

Vu le certificat de constatation de décès daté du … (date) ;

Vu le procès-verbal du conseil de famille désignant le requérant administrateur des biens du de cujus ;

Attendu qu'aux termes de l'article 60 alinéa 7 du code de la famille : « le Procureur de la République peut, à toute époque et en dehors des délais prévus, faire la déclaration d'un décès dont il aurait eu connaissance et qui n'aurait pas été constaté à l'état-civil » ;

Qu'en l'espèce, le requérant allègue que le décès de son oncle n'avait jamais été déclaré ni constaté à l'état-civil ;

Que le recours en justice est cependant la seule issue pour résoudre cette situation très préoccupante d'autant plus que cela remonte à huit (08) mois de cela ;

Attendu que la demande du requérant est conforme eu égard aux dispositions de l'article précité ;

<u>En conséquence</u>

Requiert qu'il plaise à l'officier d'état-civil de la communauté urbaine de … (nom de la localité) procéder à la déclaration tardive du décès du défunt selon les renseignements ci-après :

Nom : …

Prénom : …

Né le : … à … est décédé le … à … des suites d'une maladie diagnostiquée comme une paralysie ;

En outre, la mention « déclaration tardive de décès » et son numéro seront portés en marge de l'acte établi le plus proche.

Fait au Parquet, le … (date)

Le Procureur de la République

Réquisitoire n° 38 (Mise en liberté provisoire)

COUR D'APPEL DE… (NOM DE LA VILLE)
TRIBUNAL DE GRANDE INSTANCE
DE… (NOM DE LA VILLE)
PARQUET DE LA REPUBLIQUE
N °DU PARQUET ………………………... /
N° D'INSTRUCTION……………………… /

RÉPUBLIQUE DU CONGO
Unité*Travail*Progrès

RÉQUISITOIRE DE MISE EN LIBERTÉ PROVISOIRE

Le Procureur de la République près le Tribunal de grande instance de … (nom de la ville) ;

Vu la procédure suivie contre :

1) … (noms et prénom de l'inculpé, nationalité, date et lieu de naissance, filiation, profession, situation matrimoniale, adresse, etc.) ;

2) … (noms et prénom de l'inculpé, nationalité, date et lieu de naissance, filiation, profession, situation matrimoniale, adresse, etc.) ;

3) … (noms et prénom de l'inculpé, nationalité, date et lieu de naissance, filiation, profession, situation matrimoniale, adresse, etc.) ;

Inculpés de faux et usage de faux, escroquerie et complicité ;

Vu la demande de mise en liberté provisoire formulée par maître … (nom de l'avocat), conseil de l'inculpé … (noms et prénom de l'inculpé) en date du … ;

Vu l'ordonnance de soit -communiqué de monsieur le doyen des juges d'instruction en date du … ;

Attendu que maître … (noms et prénom de l'avocat des inculpés), avocat au Barreau de … (nom de la ville), sollicite la mise en liberté provisoire de son client, … (noms et prénom de l'inculpé) ;

Qu'au soutien de sa demande, Maître … (noms et prénom de l'avocat) argue que son client présente des signes de santé précaire et que son état requiert qu'il soit à tout moment examiné par un médecin dans des conditions plus saines que celles de sa détention ;

Qu'en plus, son client est régulièrement domicilié, qu'il présente donc de sérieuses garanties de représentation ;

Attendu que l'inculpé … (noms et prénom de l'inculpé) a été hospitalisé dans une clinique de la place pour des problèmes cardiaques sérieux ;

Attendu que les éléments versés au dossier sont palpables et prouvent à suffisance que l'inculpé … (noms et prénom de l'inculpé) est bien malade ;

Que pour éviter que son état s'aggrave, il y a lieu d'envisager son élargissement ;

<u>En conséquence</u>

Requiert qu'il plaise à monsieur le doyen des juges d'instruction recevoir la demande de mise en liberté provisoire formulée par le conseil de l'inculpé … (noms et prénom de l'inculpé) et en conséquence ordonner sa mise en liberté provisoire s'il n'est détenu pour autres causes.

Fait au Parquet, le … (date)

Le Procureur de la République

Réquisitoire n° 39 (Mise en liberté d'office)

COUR D'APPEL DE… (NOM DE LA VILLE)
TRIBUNAL DE GRANDE INSTANCE
DE… (NOM DE LA VILLE)
PARQUET DE LA REPUBLIQUE
N °DU PARQUET …………………………. /
N° D'INSTRUCTION……………………….. /

RÉPUBLIQUE DU CONGO
Unité*Travail*Progrès

REQUISITOIRE AUX FINS DE MISE EN LIBERTE D'OFFICE

Le Procureur de la République près le Tribunal de grande instance de … (nom de la ville) ;

Vu le mandat de dépôt du juge d'instruction en date du … décerné contre l'inculpé … (noms et prénom de l'inculpé), poursuivi pour abus de confiance en application de l'article 408 du Code pénal ;

Vu la demande de mise en liberté provisoire en date du … formulée par l'inculpé … (noms et prénom de l'inculpé) ;

Vu l'ordonnance de soit-communiqué du juge d'instruction en date du … sur la demande de mise en liberté provisoire et le règlement définitif ;

Attendu qu'aux termes des dispositions de l'article 121 du code de procédure pénale, la durée minimum de la détention préventive est de quatre (4) mois et la durée maximum est de six (6) mois ;

Qu'en l'espèce l'inculpé … (noms et prénom de l'inculpé) est placé sous mandat de dépôt depuis le … (date du mandat de dépôt) et à ce jour il s'est écoulé trois (3) mois et douze (12) jours ;

Que la détention préventive de l'inculpé … (noms et prénom de l'inculpé) n'a pas encore dépassé les délais légaux sus-indiqués ;

Qu'en conséquence, son maintien en détention préventive est légalement possible et régulier ;

Attendu cependant qu'il résulte des réquisitions en règlement définitif que les faits reprochés à l'inculpé … (noms et prénom de l'inculpé) ne constituent pas le délit d'abus de confiance prévu et réprimé par l'article 408 du Code pénal et en conséquence il a été requis qu'il n'y a lieu à poursuivre contre lui de ce chef ;

Que dans l'intérêt d'une bonne administration de la justice, il convient de requérir que la détention préventive de l'inculpé … (noms et prénom de l'inculpé) n'a plus de charges suffisantes contre lui d'avoir commis le délit d'abus de confiance ;

Qu'en conséquence il sied de faire droit à sa demande et requérir sa mise en liberté d'office et définitive conformément à la loi aux motifs que l'instruction judiciaire est arrivée au terme final ;

<u>En conséquence</u>

Requiert qu'il plaise à monsieur le juge d'instruction, faire droit à cette demande et ordonner la mise en liberté d'office et définitive de … (noms et prénom de l'inculpé) aux motifs qu'au terme final de l'instruction judiciaire, il n'y a plus de charges suffisantes contre lui d'avoir commis le délit d'abus de confiance.

Fait au parquet, le … (date)

Le Procureur de la République

Réquisitoire n° 40 (Refus de mise en liberté provisoire)

COUR D'APPEL DE… (NOM DE LA VILLE)
TRIBUNAL DE GRANDE INSTANCE
DE… (NOM DE LA VILLE)
PARQUET DE LA REPUBLIQUE
N °DU PARQUET …………………………/
N° D'INSTRUCTION……………………………/

RÉPUBLIQUE DU CONGO
Unité*Travail*Progrès

REQUISITOIRE DE REFUS DE MISE EN LIBERTE PROVISOIRE

Le Procureur de la République près le Tribunal de grande instance de … (noms de la ville) ;

Vu la demande suivie contre … (noms et prénom de l'inculpé, nationalité, date et lieu de naissance, filiation, profession, situation matrimoniale, adresse, etc.) ;

Vu la demande de mise en liberté provisoire formulée par Maître … (noms et prénom de l'avocat), conseil de l'inculpé … (noms et prénom de ce dernier) en date du … ;

Inculpé de viol ;

Vu l'ordonnance de soit-communiqué de monsieur le doyen des juges d'instruction en date du … ;

Attendu que Maître … (noms et prénom de l'avocat de l'inculpé), avocat au Barreau de … (nom de la ville) sollicite la mise en liberté provisoire de son client l'inculpé … (noms et prénom de ce dernier) ;

Qu'au soutien de sa demande, Maître … (noms et prénom de cet avocat) allègue que son client a été interrogé par le magistrat instructeur et qu'au cours de ces investigations, il a avoué des faits qui lui sont reprochés ;

Que dans ces conditions, son maintien en détention n'est plus nécessaire à la manifestation de la vérité ;

Mais attendu que le raisonnement de maître … (noms et prénom de ce dernier) ne cadre pas avec la réalité des faits ;

Qu'il sied de signaler que l'inculpé … (noms et prénom de l'inculpé) est poursuivi pour des faits graves et qu'en plus il est de nationalité étrangère ce qui signifie que ne présentant aucune garantie de représentation, l'élargir c'est le pousser à se soustraire à la justice alors qu'il doit être jugé conformément à la loi ;

Qu'il y a donc lieu de rejeter sa demande de mise en liberté provisoire ;

<u>En conséquence</u>

Requiert qu'il plaise à monsieur le doyen des juges d'instruction, rejeter la demande de mise en liberté provisoire formulée par maître … (noms et prénom de l'avocat de l'inculpé), conseil de l'inculpé … (noms et prénom de l'inculpé) et en conséquence, ordonner son maintien en détention.

Fait au parquet, le … (date)

Le Procureur de la République

Réquisitoire n° 41 (Refus de mise en liberté provisoire et réouverture de l'information)

COUR D'APPEL DE… (NOM DE LA VILLE)
TRIBUNAL DE GRANDE INSTANCE
DE… (NOM DE LA VILLE)
PARQUET DE LA REPUBLIQUE
N °DU PARQUET ……………………….. /
N° D'INSTRUCTION………..…………….. /

RÉPUBLIQUE DU CONGO
Unité*Travail*Progrès

REQUISITOIRE AUX FINS DE REFUS DE MISE EN LIBERTÉ PROVISOIRE ET DE RÉOUVERTURE DE L'INFORMATION

Le Procureur de la République près le Tribunal de grande instance de … (nom de la ville) ;

Vu les pièces du dossier de la procédure suivie contre les nommés … (noms et prénoms des inculpés), inculpés d'assassinat, détenus suivant mandats de dépôt en date du … ;

Vu l'ordonnance de soit-communiqué datée du … de monsieur le juge d'instruction du 1er cabinet aux fins de mise en liberté provisoire des inculpés susnommés ;

Vu les demandes de mise en liberté provisoire introduites par les inculpés à ces fins ;

Attendu que les inculpés précisent chacun être détenu « depuis … (date) sans être jugé publiquement et équitablement dans un délai raisonnable par une juridiction indépendante et impartiale établie par la loi » ;

Attendu que dans la présente procédure, de nombreux actes de l'information avaient déjà été accomplis par le juge instructeur ;

Que fort malheureusement, le Tribunal de grande instance de … (nom de la ville) ayant été incendié dans la nuit du … (date), avec cette circonstance que le feu a détruit archives, dossiers dont les affaires étaient pendantes tant au parquet, à l'instruction que devant ledit Tribunal et tout le mobilier des bureaux y compris ;

Qu'en pareil cas, la reprise de l'information dans la cause en vue de la reconstitution du dossier s'avère nécessaire ;

Attendu qu'en l'espèce, la mise en liberté provisoire des inculpés pourrait constituer un handicap pour la reprise de l'information, que ceux-ci n'offrant pas une garantie de représentation, pourront se soustraire des mains de justice ;

Que dans ces conditions, il est nécessaire de prescrire le maintien des inculpés en détention préventive pour garantir leur nouvelle comparution devant le juge instructeur et pour prévenir le renouvellement des faits ;

Attendu que le ministère public ne s'y oppose pas ;

En conséquence

Vu l'article 121 du code de procédure pénale ;

Requiert qu'il plaise à monsieur le juge d'instruction du 1er cabinet, ordonner le maintien en détention des inculpés … (noms et prénoms des inculpés), aux fins de réouverture de l'information et de la comparution des susnommés devant ce magistrat.

Fait au parquet, le … (date)

Le Procureur de la République

Réquisitoire n° 42 (Extinction de l'action publique pour cause de prescription)

COUR D'APPEL DE… (NOM DE LA VILLE)
TRIBUNAL DE GRANDE INSTANCE
DE… (NOM DE LA VILLE)
PARQUET DE LA REPUBLIQUE
N °DU PARQUET ………………………... /
N° D'INSTRUCTION………...……………... /

RÉPUBLIQUE DU CONGO
Unité*Travail*Progrès

REQUISITOIRE AUX FINS DE PRESCRIPTION DE L'ACTION PUBLIQUE

Le Procureur de la République près le Tribunal de grande instance de … (nom de la ville) ;

Vu la procédure suivie contre le nommé … (noms et prénom de l'inculpé, nationalité, date et lieu de naissance, filiation, profession, situation matrimoniale, adresse, etc.) du chef de coups mortels ;

Non détenu ;

Partie civile: … (noms et prénom, nationalité, date et lieu de naissance, filiation, profession, etc.) ;

Attendu que les faits pour lesquels le nommé … (noms et prénom de l'inculpé) est poursuivi ont été commis en date du … ;

Attendu que l'article 6 alinéa 1er du code de procédure pénale dispose : « l'action publique pour l'application de peine s'éteint par la mort du prévenu, la prescription, l'amnistie, l'abrogation de la loi pénale, la transaction, lorsque la loi en dispose spécialement et le retrait de la plainte lorsque celle-ci est une condition nécessaire de la poursuite » ;

Que conformément à l'article 7 du code de procédure pénale, les faits de coups mortels pour lesquels le nommé … (nom de l'inculpé) est poursuivi sont prescrits car ayant été commis en date du … ;

Qu'aucun acte d'instruction n'a été pris par le magistrat instructeur depuis sa saisine à l'exception du mandat d'arrêt figurant au dossier qui du reste a été décerné contre l'inculpé plus de dix ans après ;

Que conformément aux dispositions combinées des articles 6 et 7 du code de procédure pénale, les faits objet de la présente procédure sont prescrits ;

En conséquence

Requiert qu'il plaise à monsieur le 3e juge d'instruction, déclarer l'action publique éteinte pour cause de prescription.

Fait au parquet, le … (date)

Le Procureur de la République

Réquisitoire n° 43 (interpellation)

<u>COUR D'APPEL DE… (NOM DE LA VILLE)</u>
<u>TRIBUNAL DE GRANDE INSTANCE</u>
<u>DE… (NOM DE LA VILLE)</u>
<u>PARQUET DE LA REPUBLIQUE</u>
N °DU PARQUET …………………………../
N° D'INSTRUCTION…………..………….../

RÉPUBLIQUE DU CONGO
Unité*Travail*Progrès

RÉQUISITOIRE AUX FINS D'INTERPELLATION

Le Procureur de la République près le Tribunal de grande instance de … (nom de la ville) ;

Vu le message porté du … (date) de la police de … (nom de la ville) portant information de mort de … (noms et prénom du défunt) ;

Vu l'acte daté du … de l'officier d'état-civil de la communauté urbaine de … (nom de cette communauté urbaine) constatant le décès de … (noms et prénom du défunt) ;

Vu le dossier de la procédure suivie contre les nommés … (les noms et prénoms des présumés criminels) et autres poursuivis pour parricide sur la personne de leur père nommé … (noms et prénom du père défunt) ; mais malheureusement détruite par le feu de l'incendie ayant brûlé le tribunal de grande instance de … (nom de la ville) dans la nuit du … (date) ;

Attendu que le … (date) le nommé … (noms et prénom du défunt), père des personnes susnommées trouvait la mort par fusillade à son domicile sis au … (adresse) ;

Attendu que peu avant sa mort, le de cujus avait été violemment menacé par ses enfants dont … (les noms et prénoms des présumés criminels), l'accusant de sorcier;

Qu'ayant été placé sous bonne garde de la police de … (nom de la ville), feu … (noms et prénom du défunt) avait élu domicile au commissariat du … au … (date) soit 21 jours avant d'être remis à la disposition de sa famille à sa propre demande. Le … (date), l'infortuné était assassiné par fusillade à 5 heures du matin à son domicile sis … (adresse) ;

Qu'informé, un mandat d'amener était décerné à l'encontre des … (noms et prénoms des présumés criminels) et d'autres présumés coupables des faits, en vue de procéder aux enquêtes. Après quoi une information judiciaire était immédiatement ouverte ;

Que les délinquants ayant quitté la localité de … (nom de la localité) après leur forfait, les recherches entreprises par la police s'étaient avérées infructueuses ;

Attendu que la présence dans la ville des personnes recherchées ayant été signalée, leur interpellation s'avère nécessaire en vue de procéder aux actes de l'information ;

En conséquence

Vu l'article 30 du code de procédure pénale ;

Requiert le commandement de brigade de gendarmerie de … (nom de la localité), de procéder à l'interpellation des nommés … (noms et prénoms des présumés criminels) et de les déférer par devant nous.

Fait au parquet, le … (date)

Le Procureur de la République

Réquisitoire n° 44 (Dessaisissement)

COUR D'APPEL DE… (NOM DE LA VILLE)
TRIBUNAL DE GRANDE INSTANCE
DE… (NOM DE LA VILLE)
PARQUET DE LA REPUBLIQUE
N °DU PARQUET …………………………/
N° D'INSTRUCTION…………………………/

RÉPUBLIQUE DU CONGO
Unité*Travail*Progrès

REQUISITOIRE AUX FINS DE DESSAISISSEMENT

Le Procureur de la République près le Tribunal de grande instance de … (nom de la ville) ;

Vu la procédure suivie contre … (noms et prénom de l'inculpé, nationalité, date et lieu de naissance, filiation, profession, situation matrimoniale, adresse, etc.) du chef de … (infraction) ;

Vu l'ordonnance de soit-communiqué en date du … ;

Attendu que les faits qui ont motivé l'ouverture de ladite information judiciaire ont aussi provoqué la saisine du juge d'instruction du Tribunal de grande instance de … (nom de la ville) sur les réquisitions du procureur de la République de … (nom de la ville) ;

Attendu que deux magistrats également compétents ne peuvent demeurer saisis concurremment des mêmes faits, que, dans l'intérêt d'une bonne administration de la justice, le juge d'instruction du Tribunal de grande instance de … (nom de la ville) qui détient l'inculpé doit rester seul saisi ;

<u>En conséquence</u>

Vu l'article 581 du code de procédure pénale ;

Requiert qu'il plaise à monsieur le juge d'instruction se déclarer dessaisi de la procédure suivie contre … (noms et prénom de l'inculpé) du chef de … (infraction) ;

Fait au parquet, le … (date)

Le Procureur de la République

Réquisitoire n° 45 (Dessaisissement)

REQUISITOIRE AUX FINS DE DESSAISISSEMENT

COUR D'APPEL DE… (NOM DE LA VILLE)
TRIBUNAL DE GRANDE INSTANCE
DE… (NOM DE LA VILLE)
PARQUET DE LA REPUBLIQUE
N °DU PARQUET ……………………….. /
N° D'INSTRUCTION………..…………….. /

RÉPUBLIQUE DU CONGO
Unité*Travail*Progrès

Le Procureur de la République près le Tribunal de grande instance de … (nom de la ville) ;

Vu la procédure suivie contre … (noms et prénom de l'inculpé, nationalité, date et lieu de naissance, filiation, profession, situation matrimoniale, adresse, etc.) du chef de … (infraction) ;

Vu l'ordonnance de soit-communiqué en date du … ;

Attendu qu'actuellement le juge d'instruction de … (nom de la ville) informe contre … (noms et prénom de l'inculpé) pour des faits connexes ; que ce magistrat comme le parquet de … (nom de la même ville) acceptent de se trouver compétents ;

Attendu qu'il est de l'intérêt d'une meilleure administration de la justice de donner à une seule juridiction la connaissance de l'ensemble des faits ;

Requiert qu'il plaise à monsieur le juge d'instruction se déclarer dessaisi de la procédure suivie contre … (noms et prénom de l'inculpé) du chef de … (infraction) ;

Fait au parquet, le … (date)
Le Procureur de la République

Réquisitoire n° 46 (Dessaisissement)

REQUISITOIRE AUX FINS DE DESSAISISSEMENT

COUR D'APPEL DE… (NOM DE LA VILLE)	RÉPUBLIQUE DU CONGO
TRIBUNAL DE GRANDE INSTANCE	Unité*Travail*Progrès
DE… (NOM DE LA VILLE)	-------------
PARQUET DE LA REPUBLIQUE	
N °DU PARQUET …………………………... /	
N° D'INSTRUCTION………....……………... /	

Le Procureur de la République près le Tribunal de grande instance de …(nom de la ville) ;

Vu la procédure suivie contre … (noms et prénom de l'inculpé) du chef de … (infraction) ;

Vu l'ordonnance de soit-communiqué en date du … ;

Attendu que les auteurs des faits qui ont motivé l'ouverture de ladite information ont le centre de leurs activités criminelles à … (nom de la ville) ;

Qu'il est de l'intérêt d'une meilleure administration de la justice de confier la conduite de ladite procédure au magistrat instructeur de … (nom de la même ville) qui accepte sa compétence ainsi que le parquet … (nom de la même ville encore) ;

Requiert qu'il plaise à monsieur le juge d'instruction se déclarer dessaisi de la procédure suivie contre … (noms et prénom de l'inculpé) du chef de … (infraction).

Fait au parquet, le … (date)

Le Procureur de la République

Réquisitoire n° 47 (rectification d'une erreur matérielle)

COUR D'APPEL DE… (NOM DE LA VILLE)	RÉPUBLIQUE DU CONGO
TRIBUNAL DE GRANDE INSTANCE	Unité*Travail*Progrès
DE… (NOM DE LA VILLE)	-------------
PARQUET DE LA REPUBLIQUE	
N °DU PARQUET …………………………... /	
N° D'INSTRUCTION………...……………... /	

REQUISITOIRE AUX FINS DE RECTIFICATION D'UNE ERREUR MATERIELLE

Le Procureur de la République près le Tribunal de grande instance de … (nom de la ville) ;

Vu le dossier communiqué, notamment l'acte de naissance n°134/013/R03 du … (date), dont la naissance était transcrite suivant jugement civil en date du … répertoire n°… se rapportant à l'enfant nommée … (noms et prénom de cette enfant), détentrice dudit acte ;

Vu la requête datée du … de … (noms et prénom du requérant), oncle maternel de l'enfant susnommée ;

Attendu que le requérant allègue qu'une erreur matérielle avait été commise lors de la rédaction de l'acte de naissance de sa nièce en ce qui concerne la date de naissance de l'enfant déclarée ;

Qu'il indique en substance que l'année de naissance suscitée était mal transcrite ;

Qu'au lieu de née le 19 mai 2009 à Brazzaville, il avait été transcrit née le 19 mai 2010 à Brazzaville ;

Attendu qu'il ressort des termes de l'article 83 du code de la famille qu'en cas d'omission ou d'erreur matérielle commise dans la rédaction des actes dressés dans leur ressort, il appartient concurremment au président du tribunal et au Procureur de la République de faire procéder d'office à leur rectification ;

Qu'en l'espèce, il y a eu erreur matérielle lors de la transcription de l'acte de naissance de l'enfant … (noms et prénom de l'enfant) concernant l'année de sa naissance ;

Attendu que la requête de … (noms et prénom du requérant) est recevable et fondée ;

Qu'il y a lieu d'y faire droit ;

Attendu que le ministère public ne s'y oppose pas;

En conséquence

Vu l'article 83 du code de la famille ;

Requiert qu'il plaise à monsieur l'officier de l'Etat-civil de … (nom de la ville), procéder à la rectification de l'erreur matérielle constatée dans l'acte de naissance n°134/013/R03 du … (date) se rapportant à l'enfant … (noms et prénom de l'enfant) en ce qui concerne l'année de naissance :

LIRE : née le 19 mai 2009 à Brazzaville ;

AU LIEU DE : née le 19 mai 2010 à Brazzaville ;

Le reste sans changement.

Fait au parquet, le … (date)

Le Procureur de la République

Réquisitoire n° 48 (Restitution des biens)

COUR D'APPEL DE… (NOM DE LA VILLE)
TRIBUNAL DE GRANDE INSTANCE
DE… (NOM DE LA VILLE)
PARQUET DE LA REPUBLIQUE

RÉPUBLIQUE DU CONGO
Unité*Travail*Progrès

N °DU PARQUET …………………….... /

N° D'INSTRUCTION………...…………….. /

REQUISITOIRE AUX FINS DE RESTITUTION DES BIENS

Le Procureur de la République près le tribunal de grande instance de … (nom de la ville) ;

Vu la procédure d'information en cours contre les nommés … (noms et prénoms des délinquants et criminels) et autres inculpés poursuivis pour meurtre et vol ;

Crime et délit prévus et punis par les dispositions des articles 295, 379 et 401 du Code pénal ;

Vu la demande en date du… aux fins de restitution des biens aux ayants droit de feu … (nom et prénom du défunt) représentés par … (nom et prénom du représentant des ayants droit) par laquelle ils sollicitent la restitution des biens ;

Vu l'ordonnance de soit-transmis aux fins des réquisitions sur la restitution des biens ci- dessous :

- Une (1) valisette de couleur rouge contenant des habits neufs ;
- Deux (2) écharpes rouges ;
- Trois (3) contre-sueurs ;

- Un (1) collier ;
- Une paire de boucles d'oreilles ;
- Deux téléphones l'un de marque Itel et l'autre de marque Samsung ;
- Une (1) batterie de 12 ;
- Un (1) CD ;
- Savon liquide ;
- Un (1) projecteur à écran géant ;
- La somme de deux millions six cent vingt- quatre mille (2.624.000) francs CFA ;

Attendu que la restitution des biens sollicités ne saurait en l'espèce empêcher la poursuite de la procédure, d'autant plus que les conditions sécuritaires ne répondent pas pour conserver les billets de banque pendant longtemps dans nos locaux actuels ;

Qu'ainsi la demande de restitution est donc bien fondée ;

En conséquence

Requiert qu'il plaise à monsieur le juge d'instruction procéder à la restitution des biens sollicités ainsi que celle de la somme de deux millions six cent vingt-quatre mille (2.624.000) francs CFA.

Fait au parquet, le … (date)

Le Procureur de la République

Réquisitoire n° 49 (Destruction des scellés)

COUR D'APPEL DE… (NOM DE LA VILLE) TRIBUNAL DE GRANDE INSTANCE DE… (NOM DE LA VILLE) PARQUET DE LA REPUBLIQUE	RÉPUBLIQUE DU CONGO Unité*Travail*Progrès ------------

N °DU PARQUET …………………………... /

N° D'INSTRUCTION………..…………….. /

REQUISITOIRE AUX FINS DE DESTRUCTION DES SCELLES

Le Procureur de la République près le tribunal de grande instance de … (nom de la ville) ;

Vu la procédure d'enquête préliminaire du commissariat de police de … (nom de la ville) datant du … ;

Vu les scellés présentés, en l'occurrence plusieurs sacs de chanvre indien ;

Attendu que les circonstances actuelles ne nous permettent pas de garder de tels scellés dans nos locaux, d'où la nécessité de procéder à la destruction de ce chanvre ;

Qu'à cet effet, sont requises les présences du commissaire de police de … (nom de la ville), du greffier du tribunal de grande instance de … (nom de la même ville) pour le bon déroulement de l'opération ;

Qu'ainsi, ladite opération devra se dérouler le … (date) à 5h30 minutes dans les encablures de l'actuel siège du tribunal de grande instance de … (nom de la ville) ;

En conséquence

Requiert la présence de toutes personnes requises pour le bon déroulement de ladite opération aux jour et heure fixés.

Fait au parquet, le … (date)

Le Procureur de la République

Réquisitoire n° 50 (Exhumation et de ré-inhumation de restes mortels)

COUR D'APPEL DE… (NOM DE LA VILLE)
TRIBUNAL DE GRANDE INSTANCE
DE… (NOM DE LA VILLE)
PARQUET DE LA REPUBLIQUE
N °DU PARQUET ………………………... /
N° D'INSTRUCTION………...…………….. /

RÉPUBLIQUE DU CONGO
Unité*Travail*Progrès

REQUISITOIRE AUX FINS D'EXHUMATION ET DE RE-INHUMATION DE RESTES MORTELS

Le Procureur de la République près le tribunal de grande instance de … (nom de la ville) ;

Vu la requête aux fins d'exhumation et de ré-inhumation de restes mortels introduite le … (date) par Monsieur … ;

Attendu que le requérant expose que le … (date) est décédé son père que son corps a été transféré à … (nom du lieu d'inhumation) et inhumé au cimetière de … ;

Que pour respecter ses dernières volontés et en accord avec la famille, il a été retenu de transférer ses restes mortels de ce cimetière vers le cimetière familial sis au village … (nom du village) ;

Attendu qu'il appartient aux parents de donner à leur défunt une sépulture digne, honorable et conforme à leurs intérêts moraux et à l'ordre public ;

Attendu qu'en l'espèce, les mesures d'exhumation et de ré-inhumation des restes mortels du de cujus sollicitées par le requérant visent la sauvegarde des intérêts moraux de la famille ;

Que celles-ci ne sont pas attentatoires à l'ordre public ;

Qu'il y a lieu d'y faire droit ;

En conséquence

Vu le décret n°61-114 du 24 mai 1961 déterminant les conditions d'autorisation pour l'inhumation, les transferts de corps et l'exhumation des restes mortels ;

Requiert qu'il plaise à l'officier d'état-civil de la communauté urbaine de … (nom de cette dernière) et à toute autorité administrative compétente de procéder à l'exhumation, au cimetière de …, des restes mortels de … (nom et prénom du défunt) qui était né le … (date) à … (lieu de naissance), puis à leur ré-inhumation au cimetière familial sis au village … (nom du village) ;

Requiert tout agent de la force publique, tout agent de santé, d'hygiène, de salubrité et toute autorité administrative de prêter main-forte en cas de nécessité, conformément à la loi, à l'exécution des présentes réquisitions.

Fait au parquet, le … (date)

Le Procureur de la République

Réquisitoire n° 51 (Transfèrement)

COUR D'APPEL DE… (NOM DE LA VILLE)
TRIBUNAL DE GRANDE INSTANCE
DE… (NOM DE LA VILLE)
PARQUET DE LA REPUBLIQUE
N °DU PARQUET …………………………/
N° D'INSTRUCTION……………………………/

RÉPUBLIQUE DU CONGO
Unité*Travail*Progrès

REQUISITOIRE AUX FINS DE TRANSFEREMENT

Le Procureur de la République près le tribunal de grande instance de… (nom de la ville) ;

Vu l'article 111 du code de procédure pénale ;

Requérant le commandant de la compagnie de gendarmerie de … (nom de la ville) ;

Le faire extraire de la maison d'arrêt de … (nom de la ville) ;

Et de faire transférer de la maison d'arrêt de … (nom d'une autre ville) ;

La personne ci- après désignée :

Nom (s):… ;

Prénom (s) :… ;

Né(e) le :…à…(lieu de naissance) ;

Qui fait l'objet d'un mandat d'arrêt, de monsieur le Juge d'instruction de… (nom de la ville) en date du … ; de poursuite devant le tribunal de grande instance de … (nom de la ville) et qui doit comparaître par-devant la juridiction sus-désignée d'assumer aussi bien à l'aller qu'au retour le transport de gendarme d'escorte ;

TRANSFÈREMENT A EXÉCUTER PAR VOIE FERRÉE, PAR VÉHICULE AUTOMOBILE VU L'URGENCE, et de non faire part de l'exécution de ce qui est par nous requis.

Fait au parquet, le … (date)

Le Procureur de la République

Réquisitoire n° 52 (Saisine du juge d'instruction spécialisé en matière économique et financière)

COUR D'APPEL DE… (NOM DE LA VILLE)
TRIBUNAL DE GRANDE INSTANCE
DE… (NOM DE LA VILLE)
PARQUET DE LA REPUBLIQUE
N °DU PARQUET ……………………….. /
N° D'INSTRUCTION……….……………….. /

RÉPUBLIQUE DU CONGO
Unité*Travail*Progrès

REQUISITOIRE AUX FINS DE SAISINE DU JUGE D'INSTRUCTION SPECIALISE EN MATIERE ECONOMIQUE ET FINANCIERE

Le Procureur de la République près le tribunal de grande instance de … (nom de la ville) ;

Vu l'information suivie contre … (nom et prénom du délinquant) ;

Du chef de … (infraction) ;

Vu l'ordonnance de soit-communiqué en date du … ;

Attendu que les infractions reprochées à … (nom et prénom du délinquant) entrent dans la prévision de l'article … du code de procédure pénale et qu'en raison de la grande complexité des faits il apparaît utile de saisir le juge d'instruction spécialisé en matière économique et financière compétent en application des dispositions de l'article … du code de procédure pénale ;

Vu les articles … à … du code de procédure pénale ;

Requiert qu'il plaise à monsieur le juge d'instruction saisir le président de la chambre d'accusation de la Cour d'appel de … (nom de la ville) aux fins de désignation du juge d'instruction de la juridiction compétente en application de l'article… du Code de procédure pénale.

Fait au parquet, le… (date)

Le Procureur de la République

Réquisitoire n° 53 (Recours à la force publique et l'exécution d'un jugement)

COUR D'APPEL DE... (NOM DE LA VILLE)
TRIBUNAL DE GRANDE INSTANCE
DE... (NOM DE LA VILLE)
PARQUET DE LA REPUBLIQUE
N °DU PARQUET .... /
N° D'INSTRUCTION.............................. /

RÉPUBLIQUE DU CONGO
Unité*Travail*Progrès

REQUISITOIRE AUX FINS DE RECOURS A LA FORCE PUBLIQUE ET D'EXECUTION D'UN JUGEMENT

Le procureur de la République près le Tribunal de grande instance de … (nom de la ville) ;

Vu la requête formulée à … (nom de la ville) en date du … par monsieur … (noms et prénom du requérant , date et lieu de naissance, nationalité, situation matrimoniale, profession, domicile …), tendant à obtenir les réquisitions du ministère public aux fins de recours à la force publique en vue de l'exécution de l'ordonnance n°… du … (date) rendue par monsieur le président du Tribunal d'instance de … (nom de l'arrondissement) et dont le dispositif est ainsi libellé :

« En conséquence »

« Faisons injonction à monsieur …, responsable de l'établissement …, quincaillerie moderne sise en face de l'académie … de payer la créance de monsieur … évaluée à la somme de :

- Principal……..720.000 francs CFA ;
- Frais et accessoires……300.000 francs CFA ;

- Soit au total la somme de 1.020.000 francs CFA ;

Que cette ordonnance faisait suite à une première ordonnance répertoriée n°... rendue le ... (date) par la même juridiction ayant préalablement autorisé à monsieur ... (noms et prénom du requérant) de pratiquer une saisie conservatoire des biens meubles corporels et incorporels appartenant à monsieur ... responsable de l'établissement ... quincaillerie moderne sise en face de l'académie... jusqu'à concurrence de sa créance ;

Que cette ordonnance a été rendue après la carence de monsieur... bénéficiaire d'un jugement rôle commercial n°... rendu le ... (date) à sa demande par le tribunal de commerce de ... (nom de la ville) lui accordant un délai de sept (07) mois pour le paiement de sa créance de monsieur ... (noms et prénom du requérant) ;

Que malheureusement à l'issue de ce délai de grâce, ... n'a daigné honorer à son obligation ;

Vu la facture pro-forma des établissements ... datée du ... justifiant la créance en cause au profit de monsieur ... (noms et prénom du requérant) ;

Vu la signification de cette ordonnance du... à monsieur ... par les soins de maître ..., huissier de justice commissaire-priseur à la résidence à ... (nom de la ville) ;

Vu les dispositions de l'article 20 du code de procédure pénale qui disposent : «...3° il assure l'exécution des décisions de justice.» ;

Vu l'article 30 du code susvisé qui dispose : « Le procureur de la République a, dans l'exercice de ses fonctions, le droit de requérir directement la force publique» ;

Par ces motifs

Requiert qu'il plaise à tous dépositaires de la force publique prêter main forte à tel huissier de justice en vue de l'exécution sans faille de l'ordonnance n°… du …(date) rendue par le tribunal d'instance de …(nom d'arrondissement).

Fait au parquet, le … (date)

Le Procureur de la République

CONCLUSION

À l'aide des renseignements en sa possession, et à partir du moment où il aura des renseignements suffisants, le procureur de la République va prendre sa décision[16].

Le réquisitoire doit être écrit et daté (ce qui est très important pour l'interruption de la prescription). Il doit mentionner quels sont les faits qui paraissent avoir été commis, et sur lesquels le juge d'instruction aura à faire la lumière.

Il est souhaitable qu'il mentionne également l'infraction (ou les infractions) que ces faits constituent[17].

En ce qui concerne les personnes (auteurs ou complices) contre lesquelles la poursuite sera engagée, le ministère public n'est tenu de les indiquer que dans la mesure où les renseignements déjà réunis permettent de les connaître et de leur imputer les faits. Ainsi, le réquisitoire peut-il être « normatif » ou « contre x… »[18] Cependant le simple visa dans le réquisitoire introductif des pièces qui y sont jointes, peut suffire à la détermination des faits reprochés.[19] Les documents joints ne sont soumis à aucune condition de forme.[20] L'irrégularité éventuelle d'un document joint n'emporte pas nullité du réquisitoire.[21]

---

16 - STEFANI (G), LE VASSEUR (G) et Bouloc (B), "Procédure pénale ", 16e édition, Dalloz, p.462

17 - Idem, p. 492.

18 -MICHAUD, « la portée du réquisitoire normatif », Rév.sc.crim, 1972, p180

19 -Lyon 30 mars 1990, J.C.P.1990. II. 21566 notes F.L.COSTE (réquisitoire trop vague ayant eu comme unique but de faire mettre certaines ligues téléphoniques sous écoute)

20 -Crim.29 septembre 1992, D.1993 som.com.207, obs. PRADEL, Bull n°288 ; crim.4 janvier 1995, Bull.n°1)

21 -Crim.28 janvier 1992, Bull.n°34

Le réquisitoire est signé du Procureur de la République ou d'un de ses substituts[22]. Il doit préciser le nom du magistrat qui l'a délivré (afin de pouvoir vérifier la compétence de celui-ci).[23]

Le réquisitoire destiné à mettre en mouvement l'action publique ne doit pas être confondue avec la possibilité donnée au Procureur de la République de charger un juge d'instruction d'élucider les causes d'une mort suspecte[24], acte qui ne met nullement en mouvement l'action publique.

Cependant si, ultérieurement le Procureur de la République pense utile d'informer du chef d'homicide volontaire, il saisit par un réquisitoire à cette fin le même juge d'instruction sans qu'il y ait lieu d'en désigner un autre[25].

---

[22] -Crim.4 octobre 1994 ;Bull.n°313 ;crim.21 novembre 1994,bulln°368

[23]-Crim 17 Février 1987, Bulln°77 ; crim 6 juin 1988, Bull n°249 obs. BRAUNSCHWEIC .Rev. SC. Crim.1989.349 (nullité)

[24]-Sur le cas où la signature portée sur un réquisitoire supplétif est illisible, voir crim.11 juillet 1973, Bull n°326 ; crim 3 juillet 1990,Bull n°275.

[25] Amiens 8 août 1974, J.C.P.1975.II.18164, note CHAMBON

BIBLIOGRAPHIE

I- Ouvrage spécifique :

Remplon (L), " Les réquisitions du parquet en cours d'information ".

II- Textes législatifs :

- Code de la famille ;
- Code pénal ;
- Loi n°1-63 du 13 janvier 1963 portant code de procédure pénale ;
- Loi n°8-2001 du 12 novembre 2001 sur la liberté de l'information et de communication.

ANNEXES

Code de la famille

CHAPITRE III

Les décisions judiciaires en matière d'Etat- civil

Section II : Rectification des actes de l'état- civil

Article 83 : Rectification d'office

Dans le cas d'omissions ou d'erreurs purement matérielles commises dans la rédaction des actes dressés dans leur ressort, il appartient, concurremment au Président du Tribunal populaire de village-centre ou de quartier et au Procureur de la République de faire procéder d'office à leur rectification.

A cet effet, ils donnent directement les instructions utiles aux dépositaires des registres.

Les actes de naissance, constatant une filiation paternelle peuvent être rectifiés d'office.

Code pénal

LIVRE DEUXIEME

Des personnes punissables, excusables ou responsables pour crimes ou pour délits.

Article 59 : Les complices d'un crime ou d'un délit seront punis de la même peine que les auteurs mêmes de ce crime ou de ce délit sauf les cas où la loi en aurait disposé autrement.

Article 60 : Seront punis comme complices d'une action qualifiée crime ou délit, ceux qui par dons, promesses, menaces, abus d'autorité ou de pouvoir, machinations ou artifices coupables auront provoqué à cette action ou donné des instructions pour la commettre ;

Ceux qui auront procuré des armes, des instruments ou tout autre moyen qui aura servi à l'action sachant qu'ils devaient y servir ;

Ceux qui auront avec connaissance, aidé ou assisté l'auteur ou les auteurs de l'action, dans les faits qui l'auront préparée ou facilité, ou dans ceux qui l'auront consommée, sans préjudice des peines qui seront spécialement portées par le présent code contre les auteurs de complots ou de provocations attentatoires à la sûreté intérieure ou extérieure de l'Etat, même dans le cas où le crime qui était l'objet des conspirations ou des provocations n'aurait pas été commis.

Paragraphe 3 : Des faux en écriture publique ou authentique et de commerce ou de banque.

Article 147 : Seront punis des travaux forcés à temps, toutes autres personnes qui auront commis un faux en écriture authentique et publique, ou en écriture de commerce ou de banque :

- Soit par contrefaçon ou altération d'écritures ou de signature ;
- Soit par fabrication de conventions, dispositions, obligations ou décharges, ou par leur insertion après coup dans ces actes ;
- Soit par addition ou altération de clauses, de déclarations ou de faits que ces actes avaient pour objet de recevoir et de constater (Compl.L ; 9/3/1928-D.appl.21/1/1931 6 art. 242 AGG. 10/03/1931-JOAEF 1931 p.236).

Seront punis de la même peine, tous administrateurs ou comptables militaires qui portent sciemment sur les rôles, les états de situation ou de revue, un nombre d'hommes, de chevaux ou de journées de présence au délai de l'effectif réel, qui exagèrent le montant des consommations ou commettent tous autres faux dans leurs comptes.

Paragraphe 4 : Du faux en écriture privée

Article 150 : Tout individu qui aura, de l'une des manières exprimées en l'article 147, commis un faux en écriture privée sera puni de la réclusion.

Article 151 : Sera puni de la même peine, celui qui aura fait usage de la pièce fausse.

Paragraphe 5 : Des abus d'autorité

Première classe : Des abus d'autorité contre les particuliers

Article 184 : Tout fonctionnaire de l'ordre administratif ou judiciaire, tout officier de justice ou de police, tout commandement ou agent de la force publique, qui, agissant à sa dite qualité, se sera introduit dans le domicile d'un citoyen contre le gré de celui-ci, hors les cas prévus par la loi, et sans les formalités qu'elle a prescrites, sera puni d'un emprisonnement de six jours à un an, et d'une amende de 4.000 à 120.000 francs, sans préjudice de l'application du second paragraphe de l'article 114.

Tout individu qui sera introduit à l'aide de menaces ou de violences dans le domicile d'un citoyen, sera puni d'un emprisonnement de six jours à trois mois et d'une amende de 4.000 à 48.000 francs.

TITRE DEUXIEME

Crimes et délits contre les particuliers

CHAPITRE PREMIER

Crimes et délits contre les personnes

Section première : Meurtres et autres crimes capitaux, menaces d'attentat contre les personnes

Paragraphe premier : Meurtre, assassinat, parricide, infanticide, empoisonnement

Article 295 : L'homicide commis volontairement est qualifié de meurtre.

Article 296 : Tout meurtre commis avec préméditation ou guet-apens est qualifié assassinat.

Article 298 : Le guet- apens consiste à attendre plus ou moins de temps, dans un ou divers lieux, un individu, soit pour lui donner la mort, soit pour exercer sur lui des actes de violences.

Article 302 : -(L.21/11/1901-D.appl.16/9/1922 AGG prom. 15/11/1922-JOAEF 1923 p.512)

Tout coupable d'assassinat, de parricide, et d'empoisonnement, sera puni de mort, sans préjudice de la disposition particulière contenue en l'article 13, relativement au parricide.

Toutefois, la mère, auteur principal, ou complice de l'assassinat ou du meurtre de son enfant nouveau-né, sera punie dans le premier cas, des travaux forcés à perpétuité et dans le second cas, des travaux à temps, mais sans que cette disposition puisse s'appliquer à ses coauteurs ou à ses complices. (Complété par D.47/2248 du 19/11/1947-AGG prom. 3.245 du5/12/1947- JOAEF 1947 p.1611).

Sera également puni de mort, quiconque se sera rendu coupable d'un meurtre commis dans un but d'anthropophagie[26].

Tout acte d'anthropophagie, tout trafic ou cession de chair humaine, à titre onéreux ou gratuit, sera puni des travaux forcés à temps.

Paragraphe 2 : Menaces

Article 305 : Quiconque aura menacé par écrit, anonyme ou signé, d'assassinat, d'empoisonnement ou de tout autre attentat contre les personnes, qui seraient punissables de la peine de mort, des travaux forcés à perpétuité ou de la déportation, sera, dans le cas où la menace aurait été faite avec ordre de déposer une somme d'argent dans un lieu indiqué, ou de remplir toute autre condition sera puni d'un emprisonnement de deux ans à cinq ans et d'une amende de 36.000 francs à 240.000 francs.

Le coupable pourra, en outre, être privé des droits mentionnés en l'article 42 du présent code, pendant cinq ans au moins et dix ans au plus, à compter du jour où il aura subi sa peine.

Le coupable pourra être mis sous la surveillance de la haute police, pendant cinq ans au moins et dix ans au plus, à dater du jour où il aura subi sa peine.

Section II : Blessures et coups volontaires non qualifiés meurtre, et autres crimes et délits volontaires

Article 309 : Tout individu qui, volontairement, aura fait des blessures ou porté des coups, ou commis toute autre violence ou voie de fait, s'il est résulté de ces sortes de violences, une maladie ou incapacité de travail personnel

---

[26]Le crime d'anthropophagie n'est une circonstance aggravante aux termes de l'article 302 que lorsque l'homicide a été commis dans un but d'anthropophagie (Cass. crim.28/4/1955. Bull.crim. 213 p.383).

pendant plus de vingt jours, sera puni d'un emprisonnement de deux ans à cinq ans et d'une amende de 4.000 francs à 480.000 francs.

Il pourra, en outre, être privé des droits mentionnés en l'article 42, du présent code, pendant cinq ans au moins et dix ans au plus, à compter du jour où il aura subi sa peine.

Quand les violences ci-dessus exprimées auront été suivies de mutilation, amputation, ou privation de l'usage d'un membre, cécité, perte d'un œil, ou autres infirmités permanentes, le coupable sera puni de la réclusion.

Si les coups portés ou les blessures faites volontairement sans intention de donner la mort, l'ont pourtant occasionnée, le coupable sera puni de la peine des travaux forcés à temps.

Article 311 : Lorsque les blessures ou les coups ou les autres violences ou voie de fait, n'auront occasionné aucune maladie ou incapacité de travail personnel mentionné à l'article 309, le coupable sera puni d'un emprisonnement de six jours à deux ans et d'une amende de 4.000 francs à 48.000 francs ou de l'une de ces deux peines seulement.

S'il y a eu préméditation ou guet-apens, l'emprisonnement sera de deux ans à cinq ans et l'amende de 12.000 francs à 120.000 francs.

Article 317 : (D.19/11/1947-AGG prom.3245 du 5/12/1947 JOAEF 47, p. 1611). Quiconque, par aliments, breuvages, médicaments, manœuvres, violences, ou par tout autre moyen aura procuré ou tenté de procurer l'avortement d'une femme enceinte ou supposée enceinte, qu'elle ait consenti ou non, sera puni d'un emprisonnement d'un an à cinq ans et d'une amende de 120.000 francs à 2.400.000 francs.

L'emprisonnement sera de cinq ans à dix ans et l'amende de 1.200.000 francs à 4.800.000 francs, s'il est établi que le coupable s'est livré habituellement aux actes visés au paragraphe précédent.

Sera puni d'un emprisonnement de six mois à deux ans et d'une amende de 24.000 francs à 480.000 francs, la femme qui se sera procuré l'avortement à elle-même ou aura tenté de se le procurer, ou qui aura consenti à faire usage des moyens à elle indiqués ou administrés à cet effet.

Les médecins, officiers de santé, sages-femmes, chirurgiens-dentistes, pharmaciens, ainsi que les étudiants en médecine, étudiants ou employés en pharmacie, herboristes, bandagistes, marchands d'instruments de chirurgie, infirmières, masseurs, masseuses qui auront indiqué, favorisé ou pratiqué les moyens de procurer l'avortement, seront condamnés aux peines prévues aux paragraphes premier et second du présent article. La suspension pendant cinq ans au moins ou l'incapacité absolue de l'exercice de leur profession seront en outre prononcées contre les coupables.

Quiconque contrevient à l'interdiction d'exercer sa profession prononcée en vertu du paragraphe précédent, sera puni d'un emprisonnement de six mois au moins et de deux ans au plus et d'une amende de 240.000 francs au moins et de 2.400.000 francs au plus ou de l'une de ces peines seulement.

Celui qui aura occasionné à autrui, même avec son consentement une maladie ou incapacité de travail personnel en lui administrant volontairement, de quelque manière que ce soit, des substances qui, sans être de nature à donner la mort, sont nuisibles à la santé, sera puni d'un emprisonnement d'un mois à cinq ans et d'une amende de 4.000francs à 120.000 francs ; le tribunal pourra, de plus, prononcer l'interdiction de séjour pendant deux ans au moins et dix ans au plus.

Si la maladie ou incapacité de travail personnel a duré plus de vingt jours, la peine sera celle de la réclusion.

Au cas où le coupable aura administré des substances de nature à donner la mort, mais sans intention de la donner, et que celle-ci s'en est suivie, il subira la peine des travaux forcés à temps.

Si le coupable a commis, soit le délit, soit le crime spécifié aux deux paragraphes ci-dessus, envers un de ses ascendants, tels qu'ils sont désignés en l'article 312, il sera puni au premier cas de la réclusion et au second cas des travaux forcés à temps.

Section IV : Attentats aux mœurs

Article 332 : Quiconque aura commis le crime de viol sera puni des travaux forcés à temps. (D.47/2248 du 19/11/1947 p.1611). Si le crime a été commis sur la personne d'un enfant au-dessous de l'âge de treize ans accomplis, le coupable subira le maximum de la peine des travaux forcés à temps.

Quiconque aura commis un attentat à la pudeur, consommé ou tenté, avec violence contre des individus de l'un ou de l'autre sexe, sera puni de la réclusion.

47-2248 du 19/11/1947. Si le crime a été commis sur la personne d'un enfant au-dessous de l'âge de treize ans accomplis, le coupable subira la peine des travaux forcés à temps.

Article 334 bis : (L13/4/1946). La peine sera d'un emprisonnement de deux ans à cinq ans et d'une amende de 1.000.000 à 10.000.000 de francs, dans les cas où :

1° le délit a été commis à l'égard d'un mineur ;

2° le délit a été accompagné de contraintes, d'abus d'autorité ou de loi ;

3° l'auteur du délit était porteur d'une arme apparente ou cachée ;

4° l'auteur du délit est l'époux, père, mère ou tuteur de la victime, ou appartient à l'une des catégories énumérées à l'article 333 ;

5° l'auteur du délit est appelé à participer, de par ses fonctions à la lutte contre la prostitution, à la protection de la santé ou au maintien de l'ordre public.

Sous réserve des peines plus fortes prévues par cet article ou par les dispositions réprimant le racolage public, sera puni des peines prévues portées au premier paragraphe, quiconque aura attenté aux mœurs, soit en excitant, favorisant ou facilitant habituellement la débauche ou la corruption de la jeunesse de l'un ou l'autre sexe au-dessous de l'âge de vingt et un ans, ou, même occasionnellement, des mineurs de seize ans. Les peines prévues à l'article 334 et au présent article seront prononcées, alors même que les divers actes qui sont les éléments constitutifs des infractions auraient été accomplis dans des pays différents.

CHAPITRE II

Crimes et délits contre les propriétés

Section première : Vols

<u>Article 379 :</u> Quiconque a soustrait frauduleusement une chose qui ne lui appartient pas est coupable de vol.

Article 401 : Les autres vols non spécifiés dans la présente section, les larcins et filouteries, ainsi que les tentatives de ces mêmes délits seront punis d'un emprisonnement d'un an au moins et de cinq ans au plus et pourront même l'être d'une amende qui sera de 4.000 francs au moins et de 120.000 francs au plus.

Les coupables pourront encore être interdits des droits mentionnés en l'article 42 du présent code, pendant cinq ans au moins et dix ans au plus, à compter du jour où ils auront subi leur peine.

Ils pourront ainsi être mis, par l'arrêt ou le jugement, sous la surveillance de la haute police pendant le même nombre d'années.

28/1/1937-D.appl.16/11/1937-AGG prom. N°54 du 8/1/1938- JOAEF 1938 p. 90.

Quiconque, sachant qu'il est dans l'impossibilité absolue de payer, se sera fait servir des boissons ou des aliments qu'il aura consommés, tout ou en partie, dans des établissements à ceux destinés, même s'il est logé dans lesdits établissements, sera puni d'un emprisonnement de six jours au moins et de six mois au plus et d'une amende de 4.000 francs au moins et de 48.000 francs au plus.

La même peine sera applicable à celui qui, sachant qu'il est dans l'impossibilité absolue de payer, se sera attribué une ou plusieurs chambres dans un hôtel ou auberge et les aura effectivement occupés[27].

Toutefois, dans les cas prévus par les deux paragraphes précédents, l'occupation du logement ne devra pas avoir

---

[27]La loi du 31/3/1926 sanctionnant pénalement le refus de payer le prix de location d'une voiture de place (D. appl. 18/3/1935- AGG prom. 9/5/1935- JOAEF1935- p. 442).

Article 1er : Quiconque, sachant qu'il est dans l'impossibilité absolue de payer, aura pris en location une voiture de place, sera puni d'un emprisonnement de six jours au moins et de trois mois au plus et d'une amende de 4.000francs au moins et de trois mois au plus et de 240.000 francs au plus.

Article 2 : L'article 463 est applicable aux dispositions de la présente loi.

dépassé la durée d'une journée d'hôtel, telle qu'elle est fixée par les usages locaux.

(L.9/3/1928-D. appel. 21/1/1931- AGG prom. 10/3/1931 JOAEF p.236 article 247).

Est puni de la peine prévue au premier alinéa du présent article, tout militaire ou assimilé qui, sans en être comptable, aura détourné ou dissipé des deniers ou effets actifs en tenant lieu, ou des pièces, titres, actes, effets mobiliers ou des armes, munitions, matières, denrées, ou des objets quelconques appartenant à des militaires ou qui leur avaient été remis pour le service.

Section II : Banqueroute, escroqueries, et autres espèces de fraudes

Paragraphe premier : Banqueroute et escroquerie

Article 405 : -(D.19/11/1947-AGG prom. N°3245 du 5/12/1947 JOAEF1947 p.1611).

Quiconque, soit en faisant usage de faux noms ou de fausses qualités, soit en employant des manœuvres frauduleuses, pour persuader de l'existence de fausses entreprises, d'un pouvoir ou d'un crédit imaginaire ou pour faire naître l'espérance ou la crainte d'un succès, d'un accident ou de tout autre évènement chimérique, se sera fait remettre ou délivrer des fonds, des meubles ou des obligations, dispositions, billets, promesses, quittances ou décharges et aura par un de ces moyens escroqué ou tenté d'escroquer la totalité ou partie de la fortune d'autrui, sera puni d'un emprisonnement d'un an au moins et de cinq ans au plus et d'une amende de 240.000 francs au moins et de 2.400.000 francs au plus.

Si le délit a été commis par une personne ayant fait appel au public en vue de l'émission d'actions, obligations, bons, parts ou titres quelconques soit d'une société, soit d'une entreprise commerciale ou industrielle, l'emprisonnement pourra être porté à dix années et l'amende à 12.000.000 francs.

Dans tous les cas, les coupables pourront être, en outre, frappés, pour dix ans ou plus, de l'interdiction des droits mentionnés en l'article 42 du présent code ; ils pourront aussi être frappés de l'interdiction de séjour pendant le même nombre d'années.

Les peines prévues au premier alinéa du présent article seront également applicables à quiconque aura, dans le cas de mariage devant être célébré selon la coutume locale, donné ou promis en mariage une fille dont, selon la coutume, il ne pouvait pas, ou plus disposer, et perçu ou tenté de percevoir tout ou partie de la dot fixée par la coutume[28].

Paragraphe 2 : Abus de confiance

Article 408 : -(Ord.n°62-13 du 27 août 1962, JORC 1962 p. 683).

Quiconque aura détourné ou dissipé au préjudice des propriétaires, possesseurs, ou détenteurs des effets, deniers, marchandises, billets, quittances ou tous autres

---

[28]Circulaire n°6535/pg. du 18/12/53 sur arrêt cass. 27/11/1952-
Circ. 8069/AP/4 du 5/11/1953 de la FOM
« Ne sont pas de simples mensonges, mais constituent l'organisation d'une véritable mise en scène et représentent le caractère de manœuvre frauduleuse en vue de faire naître l'espérance d'un évènement chimérique, l'insertion dans les journaux et la diffusion dans le public de nombreuses annonces et circulaires préconisant des méthodes pour corriger certaines imperfections physiques et proposant une « pierre magnétique », alors que cette publicité s'accompagne, à l'effet de lui donner force et crédit, de la mention d'instituts, de professeurs et de docteurs imaginaires.
Voir arrêt in Dalloz 1953 J.P576 et commentaire de l'arrêt in Dalloz 1953 chronique p. 133 « L'escroquerie à la publicité » par Maurille BLONDET.

écrits contenant ou opérant obligations ou décharge qui ne lui auraient été remis qu'à titre de louage, de dépôt, de mandat, de nantissement, de prêt à usage, ou pour un travail salarié ou non salarié, à charge de les rendre ou représenter ou d'en faire un usage ou un emploi déterminé, sera puni d'un emprisonnement d'un an au moins et de cinq ans au plus et d'une amende qui sera de 300.000 francs au moins et de 3.000.000 francs au plus ou de l'une de ces deux peines seulement.

La durée de l'emprisonnement pourra être portée à dix ans et l'amende à 20.000.000 de francs dans les cas suivants :

1°- Si l'abus de confiance a été commis par une personne faisant appel au public afin d'obtenir, soit pour son propre compte soit comme directeur, administrateur, ou agent d'une société ou d'une entreprise commerciale ou industrielle, la remise de fonds ou valeurs à titre de dépôt, de mandat ou de nantissement ;

2°- Si l'abus de confiance prévu par le paragraphe premier a été commis par un officier public ou ministériel, ou par un domestique, homme de service à gages, élève, clercs, commis, ouvrier, compagnon ou apprenti au préjudice de son maître.

La tentative du délit sera punie comme le délit lui-même.

Dans tous les cas, les dispositions portées au dernier alinéa de l'article 405 pourront de plus être appliquées.[29]

---

[29]Le délit de rupture d'un contrat de travail avec emport d'avance, institué par le décret du 22 octobre 1929, exige que les sommes ou effets détournés ou dissipés par le travailleur lui aient été expressément et en termes non équivoques, attribués à titre d'avance sur le salaire et comme élément de ce salaire.(Cass. Crim.24/11/1953-Bull.cass. 306 p. 537- penant 1954 J.P. 129).

Section III : Destructions, dégradations, dommages

Article 434 : Quiconque aura volontairement mis le feu à des édifices, navires, bateaux, magasins, chantiers quand ils sont habités ou servent à l'habitation, qu'ils appartiennent ou n'appartiennent pas à l'auteur du crime, sera puni de mort.

Sera puni de la même peine quiconque aura mis volontairement le feu, soit à des voitures ou wagons contenant des personnes, soit à des voitures ou wagons ne contenant pas des personnes, mais faisant partie d'un convoi qui en contient.

Quiconque aura volontairement mis le feu à des édifices, navires, bateaux, magasins, chantiers, lorsqu'ils ne sont ni habités, ni servant à l'habitation, ou à des forêts, bois, taillis ou récoltes sur pied, lorsque ces objets ne lui appartiennent pas, sera puni de la peine des travaux forcés à perpétuité.

Celui qui, en mettant ou en faisant mettre le feu à l'un des objets énumérés dans le paragraphe précédent et à lui-même appartenant aura volontairement causé un préjudice quelconque à autrui, sera puni des travaux forcés à temps ; sera puni de la même peine que celui qui aura mis le feu sur l'ordre du propriétaire.

Quiconque aura volontairement mis le feu, soit à des pailles ou récoltes en tas ou en meules, soit à des bois disposés en tas ou en stères, soit à des voitures ou wagons chargés ou non chargés de marchandises, ou autres objets mobiliers ne faisant point partie d'un convoi contenant des personnes, si ces objets ne lui appartiennent pas, sera puni des travaux forcés à temps ;

Celui qui, en mettant ou en faisant mettre le feu à l'un des objets énumérés dans le paragraphe précédent et à lui-même appartenant aura volontairement causé un préjudice quelconque à autrui, sera puni de la réclusion ; sera puni de la même peine celui qui aura mis le feu sur l'ordre du propriétaire.

Celui qui aura communiqué l'incendie à l'un des objets énumérés dans les précédents paragraphes, en mettant volontairement le feu à des objets quelconques appartenant soit à lui, soit à autrui, et placés de manière à communiquer ledit incendie, sera puni de la même peine que s'il avait directement mis le feu à l'un desdits objets.

Dans tous les cas, si l'incendie a occasionné la mort d'une ou plusieurs personnes se trouvant dans les lieux incendiés au moment où il a éclaté, la peine sera la mort.

Article 437 : Quiconque, volontairement, aura détruit ou renversé par quelque moyen que ce soit, en tout ou partie, des édifices, des ponts, digues ou chaussées ou autres constructions qu'il savait appartenir à autrui, ou causé l'explosion d'une machine à vapeur, sera puni de la réclusion et d'une amende qui ne pourra excéder le quart des restitutions et indemnités, ni être au-dessous de 24.000 francs.

S'il y a eu homicide ou blessures, le coupable sera, dans le premier cas, puni de mort, et dans le second, puni de la peine des travaux forcés à temps.

Article 440 : Tout pillage, tout dégât de denrées ou marchandises, effets, propriétés mobilières commis en réunion ou en bande et à force ouverte, sera puni des travaux forcés à temps ; chacun des coupables sera en outre condamné à une amende de 48.000 francs à 1.200.000 francs.[30]

---

[30]D.1/9/1939 réprimant le pillage en temps de guerre rendu applicable Outre-Mer par D.12/9/1939- AGG prom. n°4263 du 8/11/1939- JOAEF 1939 p.1264.

Article 445 : Quiconque aura abattu un ou plusieurs arbres qu'il savait appartenir à autrui, sera puni d'un emprisonnement qui ne sera pas au-dessous de six jours ni au-dessus de six mois à raison de chaque arbre, sans que la totalité puisse excéder cinq ans.

Article 460 : (premier alinéa abrogé par D.8/1/1927-AGG prom. 17//3/1927 article 8- JOAEF 1927 p.217).

(L.22/5/1915-AGG prom.27/5/1915-JOAEF 1915 p.230).

Ceux qui auront sciemment recelé, en tout ou en partie, des choses enlevées, détournées ou obtenues à l'aide d'un crime ou d'un délit, seront punis des peines prévues par l'article 401.

L'amende pourra même être élevée au-delà de 120.000 francs jusqu'à la moitié de la valeur des objets recelés.

Le tout sans préjudice de plus fortes peines s'il y échet en cas de complicité de crime, conformément aux articles 59, 60 et 61.

Code de procédure pénale

TITRE PRELIMINAIRE

De l'action publique et de l'action civile

Article 6 :

1° L'action publique pour l'application de la peine s'éteint par la mort du prévenu, la prescription, l'amnistie, l'abrogation de la loi pénale, la transaction lorsque la loi

---

Article 1er : Sont punis de mort, en temps de guerre, les crimes de pillage, prévus par les articles 440 ,441 et 442 du code pénal. Sera puni de la même peine, tout vol commis dans une maison d'habitation ou dans un édifice, évacué par leurs occupants par suite d'évènements de guerre.

en dispose spécialement et le retrait de la plainte lorsque celle-ci est une condition nécessaire de la poursuite.

2°Toutefois, si des poursuites ayant entraîné condamnation ont révélé la fausseté du jugement ou de l'arrêt qui a déclaré l'action publique éteinte, l'action publique pourra être reprise : la prescription doit alors être considérée comme suspendue le jour où le jugement ou arrêt était devenu définitif jusqu'à celui de la condamnation du coupable de faux ou usage de faux.

3° La renonciation de l'action civile ne peut arrêter ni suspendre l'exercice de l'action publique sous réserve des deux derniers cas visés au premier alinéa du présent article.

Article 7 :

1° En matière de crime, l'action publique se prescrit par dix années révolues à compter du jour où le crime a été commis, si dans cet intervalle, il n'a été fait aucun acte d'instruction ou de poursuite.

2° S'il en a été effectué, dans cet intervalle, elle ne se prescrit qu'après dix années révolues à compter du dernier acte. Il en est ainsi de même à l'égard des personnes qui ne seraient pas impliquées dans cet acte d'instruction ou de poursuite.

CHAPITRE II

Du ministère public

Section III : Des attributions du Procureur de la République

Article 30 : Le Procureur de la République a, dans l'exercice de ses fonctions, le droit de requérir directement la force publique.

TITRE II

Des enquêtes

CHAPITRE PREMIER

Des crimes et délits flagrants

Article 60 :

1° En cas de découverte d'un cadavre, qu'il s'agisse ou non d'une mort violente, mais si la cause en est inconnue ou suspecte, l'officier de police judiciaire qui en est avisé informe immédiatement le Procureur de la République, se transporte sans délais sur les lieux et procède aux premières constatations.

2° Le Procureur de la République se rend sur place s'il le juge nécessaire et se fait assister de personnes capables d'apprécier la nature des circonstances du décès. Il peut déléguer aux mêmes fins un officier de police judiciaire de son choix.

3° Les personnes ainsi appelées prêtent, par écrit, serment de donner leur avis en leur honneur et conscience.

4° Le Procureur de la République peut aussi requérir information pour rechercher les causes de la mort.

TITRE III

De l'information

CHAPITRE PREMIER

Du juge d'instruction

Section première : Dispositions générales

Article 64 :

1°- Sauf dispositions spéciales, l'instruction préparatoire est facultative pour les crimes, les délits et contraventions.

2°- A l'exclusion des juges de session et des juges d'instance qui se saisissent d'office, le juge d'instruction ne peut informer qu'en vertu d'un réquisitoire du procureur de la République même s'il a procédé en matière de crime ou de délit flagrant.

3°- Le réquisitoire est pris contre personne dénommée ou non dénommée.

4°- Le Juge d'instruction a le pouvoir d'inculper toute personne ayant pris part comme auteur ou complice, aux faits qui lui sont déférés.

5°- Lorsque des faits non visés au réquisitoire sont portés à la connaissance du Juge d'instruction, celui-ci doit immédiatement communiquer au Procureur de la République les plaintes ou procès-verbaux qui les constatent.

Section II : De la constitution de la partie civile et de ses effets

Article 70 : Toute personne qui se prétend lésée par un crime ou un délit ou une contravention peut, en portant plainte, se constituer partie civile devant le magistrat instructeur.

Article 71 :

1° Le juge d'instruction ordonne communication de la plainte au Procureur de la République, lequel prend ses réquisitions contre personne dénommée ou non dénommée.

2° Le procureur de la République ne peut saisir le juge d'instruction de réquisitions de non-informer que si les faits ne peuvent légalement comporter une poursuite pénale.

3° Si le juge d'instruction passe outre, il statue par ordonnance motivée.

4° Les juges de section et les juges d'instance agissant comme juge d'instruction ne sont pas tenus d'observer les prescriptions des alinéas 1er et 2 du présent article.

Section VII : De la détention préventive

Article 119 : La détention préventive est une mesure exceptionnelle. Lorsqu'elle est ordonnée, les règles ci-après doivent être observées.

Article 121 :

1°- Dans les cas autres que ceux prévus à l'article précédent, la détention préventive ne peut excéder quatre mois.

2°- Si le maintien en détention apparaît nécessaire, le juge d'instruction peut prolonger la détention par ordonnance spécialement motivée d'après les éléments de la procédure, rendue sur les réquisitions également motivées du procureur de la République.

3°Aucune prolongation ne peut être prescrite pour une durée de plus de deux mois.

Article 130 :

1° La mise en liberté provisoire, dans le cas où elle n'est pas de droit, peut être subordonnée à l'obligation de fournir un cautionnement.

2°- Le cautionnement garantit :

1°- La représentation de l'inculpé à tous les actes de la procédure et pour l'exécution du jugement.

2°- Le paiement dans l'ordre suivant :

a) Des frais avancés par la partie civile ;

b) De ceux faits par la partie publique ;

c) Des amendes ;

d) Des restitutions et des dommages-intérêts.

3°- La décision de mise en liberté détermine la somme affectée à chacune des deux parties du cautionnement.

Section XI : Des ordonnances de règlements

Article 163 :

1° Si le juge d'instruction estime que les faits ne constituent ni crime, ni délit, ni contravention ou l'auteur est resté inconnu ou s'il n'existe pas de charges suffisantes contre l'inculpé, il déclare, par une ordonnance, qu'il n'y a lieu à suivre.

2° Les inculpés préventivement détenus sont mis en liberté.

3° Le juge d'instruction statue en même temps sur la restitution des objets saisis.

4 Il liquide les dépens et condamne aux frais la partie civile, s'il en existe en la cause. Toutefois, la partie civile de bonne foi peut être déchargée de la totalité ou d'une partie des frais par décision spéciale et motivée.

Article 165 :

1° Si le juge estime que les faits constituent un délit, il prononce le renvoi de l'affaire devant le tribunal correctionnel.

2° Si l'emprisonnement est encouru, le prévenu arrêté demeure en état de détention.

Article 167 :

1° Si le juge d'instruction estime que les faits constituent une infraction qualifiée crime par la loi, il ordonne que le dossier de la procédure et un état des pièces servant à conviction soient transmis sans délais par le procureur de la République au procureur général près de la cour d'appel, pour être procédé ainsi qu'il est dit au chapitre de la chambre d'accusation.

2° Le mandat d'arrêt ou de dépôt décerné contre l'inculpé conserve sa force exécutoire jusqu'à ce qu'il ait été statué par la chambre d'accusation.

3° Les pièces à conviction sont transmises au greffe de la cour d'appel sauf dispositions contraires.

TITRE II

Du jugement des conflits

CHAPITRE PREMIER

Du tribunal correctionnel

Section première : De la compétence et de la saisine du tribunal correctionnel

Paragraphe premier : Dispositions générales

Article 325 : Lorsque le tribunal est saisi de plusieurs procédures visant des faits connexes, il peut en ordonner la jonction soit d'office, soit sur réquisition du ministère public, ou à la requête d'une des parties.

TITRE IV

Des règlements de juges

Article 581 : Lorsque deux juges d'instruction, appartenant à des tribunaux différents, se trouvent simultanément saisis de la même infraction, le ministère public peut, dans l'intérêt d'une bonne administration de la justice, requérir l'un des juges de se dessaisir au profit de l'autre. Si le conflit de compétence subsiste, il est réglé de juges conformément aux articles suivants.

Loi n°8-2001 du 12 novembre 2001 sur la liberté de l'information et de la communication :

TITRE XI

Des infractions commises par voie de presse ou par tout autre moyen de communication

CHAPITRE I

Des provocations aux infractions

Article 187 : Seront punis comme complices d'une action qualifiée comme crime ou délit, ceux qui, soit par des discours, cris ou menaces proférés dans les réunions ou lieux publics, soit par écrit, imprimés, dessins, gravures, peintures, emblèmes, images ou tout autre support de l'écrit, de la parole ou de l'image vendus ou distribués, mis en vente ou exposés dans les lieux publics, soit par des placards ou des affiches exposés au regard du public, auront directement provoqué l'auteur ou les auteurs à commettre cette action, si la provocation a été suivie d'effet.

Cette disposition sera également applicable lorsque l'incitation n'aura été suivie que d'une tentative de crime ou de délit punissable.

CHAPITRE II

Des délits contre l'autorité publique

Article 190 : Toute parole, toute action portant atteinte à la dignité et à l'honneur est une offense.

Article 191: L'offense au Président de la République par l'un des moyens énoncés à l'article 187 est punie d'une amende de 300.000 francs à 3.000.000 de francs.

En cas de récidive, un emprisonnement de deux à trois ans et une amende de 3.000.000 de francs pourront être prononcés.

Les peines prévues à l'alinéa précédent sont applicables à l'offense à la personne qui exerce tout ou partie des prérogatives du Président de la République.

CHAPITRE III

Des délits contre les personnes physiques ou morales

Article 195 : Toute expression outrageante, terme de mépris ou invective, qui ne ferme l'imputation d'aucun fait, est une injure.

Toute allégation ou imputation d'un fait qui porte atteinte à l'honneur et à la considération de la personne ou du corps auquel le fait est imputé est une diffamation.

La publication directe ou par voie de reproduction de cette allégation ou de cette imputation est punissable, même si elle est faite sous forme dubitative ou si elle vise une personne ou un corps non expressément nommé, mais dont l'identification est rendue possible par les termes des discours, des cris, des menaces, des écrits ou des imprimés, des placards ou des affiches incriminés.

LISTE DES INFRACTIONS ET DES ARTICLES DU CODE PÉNAL RETENUS DANS CHAQUE RÉQUISITOIRE

1- Violation du domicile et coups et blessures volontaires : articles 184 alinéas 1 et 2 et 309 du Code pénal.
2- Meurtre : articles 295 et 302 du Code pénal.
3- Abus de confiance : article 408 du Code pénal.
4- Destruction de cabane et des propriétés mobilières : articles 451 et 483 alinéa 6 du Code pénal.
5- Escroquerie et complicité d'escroquerie : articles 405 et 60 du Code pénal.
6- Vol à main armée et recel : articles 379, 401, 381 et 360 du Code pénal.
7- Excitation d'une fille mineure à la débauche et complicité d'avortement, articles 59, 60, 317 et 334 du Code pénal.
8- Vol : articles 379 et 401 du Code pénal.
9- Coups et blessures volontaires : articles 309 et 311 du Code pénal.
10- Viol : article 332 du Code pénal.
11- Diffamation, destruction immobilière et destruction d'arbres fruitiers : article 195 de la loi n°8-2001 du 12 novembre 2001 sur la liberté de l'information et de la communication ; articles 434, 437 et 445 du code pénal.
12- Attentat à la pudeur et coups et blessures volontaires : articles 331 alinéa 1er et 309 du Code pénal.
13- Association de malfaiteurs et de vol qualifié : articles 265, 266, 268, 381 et 383 du Code pénal.
14- Faux et usage de faux en écriture privée : articles 150, 151 et 437 du Code pénal.

15- Assassinat et complicité d'assassinat : articles 59, 60, 295, 298 et 302 du code pénal.
16- Pillage, destruction de biens et offense au chef de l'Etat : articles 437 et 440 du code pénal ; 187, 190 et 191 de la loi n°8-2001 du 12 novembre 2001 sur la liberté de l'information et de la communication.
17- Assassinat : articles 296 et 302 du code pénal
18- Rébellion : articles 209 et 212 du code pénal
19- Menaces de mort : article 306 du code pénal
20- Injures publiques : articles 195 et 199 de la loi N° 8- 2001 du 12 novembre 2001 sur la liberté de l'information et de la communication